U0082093

竹風亮節

林聖崇口述史

林聖崇————口述

蔡宜珊————撰

林聖崇，1950 年 4 月 4 日～

大凡外貌燦爛的東西，只為片刻而產生；
凡是真實的東西，則傳諸後世而不消泯。
——歌德，《浮士德》

推薦序
聖崇的孤味人生
永遠的「環保鬥士・生命鬥士」

柯建銘

　　我常想周遭的老朋友中，能終其一生不改其志、堅持、勇敢、執著，又樂觀信奉、力行自己的理念，到人生走向盡頭還不放棄的「鬥士」，就數聖崇最為人欽佩。

　　知道聖崇檢驗出胰臟癌是 2018 年三月底，很為之震驚，因為很難如此連結。他一生為環保努力，守護台灣這塊土地，盡心盡力，為社會貢獻，可謂孤味人生，老天爺應給他更大福報才對。哪知，2020 年二月，他一生摯愛，又一起成長、鼓勵的弟弟（聖哲醫師）又先行而去，對他的打擊，可想而知。但這一切並沒有打倒他，還是和我早年認識時一樣堅強，永不止息對台灣這塊土地的熱愛、關心。有誰做得到？因我每次關心他最近身體好嗎？他總是說：「有

在治療，還好，沒事，不會死啦！」聽來好像在講別人的事一樣輕鬆。我相信上帝還要他做很多事，他也一定沒事，他一定有很多好友的「集氣」，及老天賞賜的福報及工作才對。

認識聖崇已三十多年。1989 年，我還在新竹當牙醫時，有天他來診所看我，說要選新竹市長。1989 年有天安門事件、柏林圍牆倒了，是解嚴後風起雲湧、社會力澎湃、民主力量方興之時，是民進黨創黨後最重要的一次選舉（那年尤清當選台北縣長）。我在新竹與同行施性平醫師共同負責操盤，以「鐵三角」（市長施性融醫師、立委蔡仁堅、省議員魏秀珍），對抗 KMT 的「同心圓」（時任立委秦金生）。本來新竹就是藍大於綠，非常困難，聖崇以無黨籍加入絕對不利。沒多久其父林祖仁先生來看我，希望共同勸退，但聖崇說他為理念、理想、為新竹故鄉而戰，會很認真走完全程。坦白而

柯建銘立委及其助理與聖崇聚會。

聖崇、柯總召辦公室前任法案主任（現為中華電信法務副總魏惠珍）與柯建銘立委（由左至右）。

言，當年他是所有候選人中，最認真，也辦了最多場演講會，不管台下多少人，一個人打全場，有時偷跑去聽，不得不為之感動、佩服。那時施性融醫師最後文宣主打「人在做，天在看，撥孤邊，救新竹」，他告訴我，他最後在天公壇演講，他可上台附和，喊出「為了新竹，請大家投施醫師、投民進黨」，他真的做到了，言之有信。

隔年 1990 年他加入 DPP，投入不分區國大。1993 年底我請他回新竹共同深耕地方、當新竹市黨部主委，爾後負責輔選省長、省議員，乃至總統選舉，展開我與聖崇長期緊密的合作關係。先前八○年代因李長榮化工、新竹化工，抗爭過程中認識的聖崇，及後一起為故鄉經營，更加了解聖崇的「堅持理想、承擔責任」的胸懷及遠見。

1993 年我進入立法院，聖崇雖掛名助理（方便進出立院），實際上，他是辦公室的「思想、理念導師」，助理口中的「聖崇大哥」是必須言聽計從的。他一下子要開公聽會，一下子記者會，逼著大家往前走，一起學習成長，那是段最值得回味的日子。他一下子新竹市公害防治協會、新竹風，一下子生態保育聯盟、綠色和平、環保聯盟，望之反地方，忽焉反中央。

那些年反高爾夫球場運動、反盜伐天然林、六輕環評、搶救新竹火車站、反南寮焚化爐、搶救新竹古蹟、反海渡電廠、反新竹香山濕地開發、反核、反七輕、反竹科汙水排放、反竹科焚化爐、搶救棲蘭山運動、反蘇花高、中科三期四期環評、反八輕……

聖崇一生為環保努力，不是「反」，就是「搶救」，我就跟著反、跟著搶救，是一股無形巨大牽引的力量，彼此合作無間。他有無比的正義（聖唐吉訶德）、鬥志、知識，頭腦清楚，從不利己，思考與行動一致的人，精力充沛，是「領袖型人物」，今之古人，稀有動物，誠受益良多，故成摯友、良師。

應該最來自他的家學、家風，是新竹醫師、文人世家，從小養成的個性。我與之差一歲（1950 年／1951 年），同屬戰後嬰兒。聖崇與我，早期同屬黨外運動熱心狂熱分子，聽演講、走街頭，從不放過，一起在對抗威嚴中成長，我進入體制當立委也二十八年，他可說是「立委的立委」，敢念總召的人。「蠟炬成灰，淚始乾」，我深信他還會繼續燃燒很久，因為他是神的使者，「永遠的環保鬥士、生命鬥士」。

老友建銘為之序

2021.1.4 晨 3:00

代序

陳玉峯

　　台灣環境運動史上，出現過不少奇人異士，個個都是特定面向的覺者、勇者，許多更是菩薩道的行者，奉行著台灣價值系統中最了不起，卻近乎人盡不知的「無功用行者」，其中，林聖崇先生是極其獨特的一位，先前，我是這樣地形容他：

　　「從來沒有見過環運人士有『斯文』卻堅決如聖崇者，他最大的特質，包括一切但求付出，一生卻未從他投入公義無數案例中，獲致一絲一毫的『己利』，而且，他一旦投入一案例，他的個人就消失，完全融入案例本身。他不卑不亢，理性地找尋更佳的解決方案，鍥而不捨。更且，他最能『容忍』異己，『直奔敵營』，特別是國會的混仗。他從 1990 年代迄今，出錢出力出盡一切而『利空』。

　　台灣從 1980 年代以降的環運，始終一貫情操、永不退轉的人屈指可數，我從 1、20 年前即萌生為其作傳的念頭，因為他，正是一部台灣環運史！他，就是台灣環運史本身，而不是一個人。」

　　現在，有幸看到《聖崇傳》的問世，我是何其羞愧於我的「世

俗」！不只是這冊傳記文本，更是聖崇這個事親至孝的「水牯牛」（註：「水牯牛」出自南泉普願禪師快死時，弟子問他死後要去哪裡？他隨口瞎掰：到山下當頭水牛。弟子沒趣而執著地再問：那，我可不可以跟你去？普願答：你要來，你得咬把草來，暗諷弟子還放不下。而台灣禪的源頭馬祖道一禪師的弟子懷海，其弟子溈山，也有「溈山牛」之象徵無罣無礙的大自在，等等，只是藉牛之表象，側擊禪除二元分別識罷了。）本來真面目，而聖崇兄，本來就無需我直白的讚美。

作者宜珊小姐以多次漫長的口訪、勘履，搭乘著聖崇兄的音聲太空梭，進出時空樹突、軸突的電子傳遞鏈，俯瞰五花八門的台灣現代史演義，譜寫出一部溫柔、睿智版的台灣環運史，其為文側說旁擊、時而出離，扼要精準地扣住複雜的史實，直探台灣政經人文的結構因果，處處流露出深度的人性省思、價值哲思的批判，運筆功力則行雲流水，寫活了聖崇的內靈意識，端出了草根台灣的根荄，而且，二十篇章可一氣呵成，可單獨為專題，堪稱台灣環運史的珠璣詩篇，也只有聖崇兄的德性足以相稱無礙！

台灣精神、台灣價值、台灣文化史從來都是一代代、一群群「水牯牛」的默默承擔、鞠躬盡瘁且甘之如飴的示現。

聖崇兄與我相知相惜數十年，我們根系聯通而無需語言媒介，然而，在我閱讀本書的許多段落，我還是老淚縱橫，不是濫情，而是愉悅快樂祥和地回顧。是為代序。

時 2020.12.3
於大肚台地

一代一代的傳承示如清風，一代一代的實踐刻苦如昔。

CONTENTS

導言

2018 年 1 月 22 日，蔡英文總統拋出「台灣價值」一詞，隨即引發軒然大波。各界人士紛紛拋出自己認為的「價值」，並在各自的主持的場合與陣營裡擠眉弄眼，甚至互相攻訐，但最後仍莫衷一是。

然而，究竟什麼是「台灣價值」？這起風波之所以值得關注，並不是那些道貌岸然的人的說詞，而是大家在探討這 4 個字的時候，彷彿不是朝向共識，而是鎖定好自己要的部分，準備拆夥分家。

其實，對於一個在短短 4 百年間歷經五大政權（荷蘭、鄭氏王朝、清帝國、日本、國民政府）洗劫的國度來說，「掏空價值」反而是最顯而易見的感受；麻煩的是，一旦把這種感受當成「台灣價值」，其結果只會像一道裂痕，足以讓整個大水缸破裂。

綜觀台灣島被掏空的過程，無疑是一種顛覆性、批判性的思考。從人的身心靈、文化社會到自然環境，往往不是歷史所記載的，那麼從容、了無罣礙。舉例來說，一個人出頭，可能已經踩遍無數英雄的無名屍骨；一個政權的更新，可能已經血洗燦爛的傳統文化──

歷史的進程充滿暴力、謊言與偏見的階梯，通向短暫的寶座；而相對的，那些不被記憶的人事物，卻永遠溫存，因為他們仍與過去緊密相連，文化史家巴森曾說：「過去依然活著。」這些人如飛蛾撲火的行為，將某個思想反覆述說，影響力持久且深刻，在走樣的、油盡燈枯的現實中，顯得生動而令人懷念。

本書的誕生，也源於這股前仆後繼的力量。主人翁林聖崇先生，即在台灣進入千禧年前 10 年，展開他環境運動的志業，而此時適逢解嚴後，一切蹂躪土地的業力引爆，山河殘破，他不畏強權地逢機警告，世間的法則相形漏洞百出，他的堅貞與勇氣，就像一顆彗星劃過黑夜，為趕不上許願的孩子與後代，祈福助念。

如今在民主社會成長的孩子，表面上看似自由暢快，實際上卻是在更龐大的負債中生存，然而冤有頭、債有主，聖崇對抗的這些不公不義，不為己利抗陳的心路歷程，必然得留下，好讓後世對照一筆筆爛帳。

關注個人的時空是珍貴的，因為個人的欲望才是驅動歷史的力量。然而一個人的形象是如此多變，如果用最普遍的演繹方式，如素描那樣，點連成線，線連成面，最後再賦予立體感，你會發現最後的成果，只會退回比一開始那個點還要輕薄的意象，而真實的「看見」只在意識的湧浪中載浮載沉。因此，我們認識世界的方式並非是積少成多的結果，而是在失真中堆疊；就好像小於 1 的數字相乘，永遠不會得到大於 1 的結果。

相對的，生命的主觀經驗卻是累積的，以各種形式表達心智的深度，如語言、藝術等等，而且，當我們來到這個世界的時候，任

何一草一木早已有它們各自的深度了。時間是深化的尺度，沒有任何生命可以駐足停留或回返。

一個是空間上的「永遠缺憾」，一個是時間上的「力挽狂瀾」。對於同時擁有這兩種逆向操作的生命體而言，只要活在世上，就充滿了外在（失真性）與內在（不可逆性）的矛盾。

矛盾帶來痛苦，可是也只有這個時候人們才能「有意識地行動」。我們可以盡最大的力氣把握每一刻的相遇，專注地吸收、認識，讓所見所聞接近於整體；我們也可以從細節中觀見遙遠的未來，杜絕建制底下的洗腦與腐化；我們甚至可以在經歷千錘百鍊、閱讀過無數案例、操演過最常見的訣竅或戲法之後，掌握了超前的判斷力，進而悄悄影響了歷史的命運──人的價值於是浮現，賴以維生的主體價值也呼之欲出。

現代人所缺乏的，乃是對於周遭環境的深刻關懷，個人容易焦躁不安，眼前的道路也動線不明。聖崇的故事恰恰是寶貴的一課，他正是經過刻骨銘心的奮鬥，30多年來永遠朝著他的目標邁進的人。他的思想像一條天然的河床，隨時依照四季賜予的水量與砂石移動，不盲目地嚮往長治久安，也不讓情緒恣意氾濫，只是盡心盡力、自自然然地，疏通著從陸地到海洋的生態與一切障礙。

重要記事

個人年表	時間 (年)	相關事件
聖崇的父母林祖仁與孫素嫣結婚。	1948	
聖崇的祖茨（新竹苦苓腳）被徵收拆毀。	1949	新竹機場擴建。
4 月 4 日，聖崇於新竹水田尾出生。 1957 年，小聖崇進入新竹北門國小就讀。	1950 年代	政府強調進口替代，發展勞力密集輕工業。 美援開始。
1963 年，聖崇進入新竹一中就讀。 1966 年，聖崇進入省立新竹高中就讀。 1970 年，聖崇前往淡水，就讀淡江文理學院化學系。	1960 年代	政府開始出口導向政策。 1968 年，一輕啟用。
	1973	石油危機爆發。
	1974	政府推動「十大建設」。 開始實施《水汙染防治法》。
6 月，聖崇從淡江文理學院畢業。 7 月，聖崇入伍，在桃園 33 擔任化學兵。	1975	開始實施《空氣汙染防治法》。
5 月 15 日聖崇退伍，16 日進入鑽研水處理技術的台灣培芝公司。	1977	6 月 27 日，中鋼第一號高爐點燃。

個人年表	時間 (年)	相關事件
	1979	核一廠正式運轉。 美國三哩島核電廠二號反應爐爐心熔毀。
	1980	台北縣貢寮居民開始強烈反對核四案。
	1982	桃園中壢的垃圾無處傾倒，垃圾「不要在我家後院」的口號如烽火般在全台鄉鎮延燒。
	1983	爆發桃園大潭高銀化工汙染事件。
	1986	民主進步黨正式成立。 蘇聯車諾比核災事件。 新竹李長榮化工爆發汙染事件，居民圍廠自救。 鹿港反杜邦運動開張。
聖崇調到台北總公司工作。	1987	6月，後勁反五輕運動開張。 7月15日，蔣經國總統宣布解除戒嚴。 年底，「綠色和平工作室」成立。
	1988	5月20日，爆發農民運動，抗議政府進口農產品，警民爆發激烈衝突。 宜蘭反六輕運動展開。
1月13日，聖崇加入台灣綠色和平組織。 3月，聖崇參與搶救森林大遊行（台北）。 6月，聖崇參與「無殼蝸牛」運動，反對房價高漲。 12月2日，聖崇以無黨籍的身分參選新竹市長。	1989	4月7日，台獨鬥士鄭南榕自焚身亡。 6月4日，天安門事件，中國政府對北京天安門廣場的學生進行武力清場。 11月9日，柏林圍牆倒塌，隔年東西德統一。 年底，政府下令禁伐「天然檜木林」，林務局歸公務預算。

個人年表	時間 (年)	相關事件
3 月，聖崇的父親過世。 9 月，桃園新屋永豐餘紙廠超抽地下水，當地居民爆發缺水危機。（事實上，早在 1989 年，紙廠已經在抽地下水了） 聖崇和環保團體拜訪中國，認識其環境問題。	1990	台塑六輕落腳雲林麥寮（約略年代，過程詳見內文）。 3 月，野百合運動。
聖崇參與「反新竹南寮焚化爐」運動。 參與陳玉峯教授揭發屯子山盜伐櫸木天然林。	1991	5 月 1 日，廢除《動員戡亂時期臨時條款》。 環保署長推動「一縣市一焚化爐」政策。 政府頒布「禁伐天然林」行政命令。 12 月 21 日，中華民國國民大會代表全面改選。 12 月 25 日，蘇聯解體，冷戰結束。
聖崇被公司派去中國，了解其水資源狀況	1992	謝長廷提出四大優先口號：台灣優先、文化優先、環境優先、弱勢優先。 5 月 16 日，頒布中華民國刑法第一百條修正條文。 12 月 19 日，中華民國立法委員全面改選。
胞弟林聖哲移民至加拿大。 聖崇參加「反金權高爾夫球運動」。 高雄昭明抽水站爆發鹽化事件。 聖崇參加「六輕建案」最後一次環評大會。	1993	
聖崇擔任民進黨新竹市黨部主委（任職 2 屆）。（1993 年底即上任） 10 月，聖崇參與「搶救新竹火車站」運動。	1994	行政院長郝柏村執意動工，後勁五輕廠正式運轉。 《環境影響評估法》三讀通過。 林務局推動「林下補植」政策。 12 月 3 日，中華民國省長及省議員選舉。

個人年表	時間 (年)	相關事件
7 月，清水、梧棲「反海渡電廠」運動。 9 月，「反新竹香山溼地開發案」運動開張。 9 月，國際反核大遊行，近 3 萬人參與。	1995	
「反濱南工業區（七輕）開發案」運動。 聖崇卸任民進黨新竹市黨部主委。	1996	賀伯災變。 3 月 23 日，中華民國首次公民直選總統、副總統。
聖崇擔任生態保育聯盟總召集人。 聖崇參加嘉義瑞峰水庫環評案。 8 月，聖崇參與關西機械園區開發案環評。 10 月，竹科排廢水汙染事件爆發。 11 月 3 日，培芝股份有限公司被美商併購，聖崇離職。	1997	7 月 1 日，香港回歸中國。 8 月 8 日，溫妮颱風來襲，發生林肯大郡活埋事件。
搶救棲蘭檜木林運動開張。	1998	
聖崇參與「竹科天然氣管經柯子湖溪環評案」。	1999	9 月 21 日，發生九二一大地震。 核四廠正式動工。
5 月 26 日，聖崇正式移民加拿大溫哥華。 8 月，搶救辛志平校長公館古蹟運動。	2000	台灣第一次政黨輪替，陳水扁上任中華民國總統。 7 月，昇利公司違法傾倒有機溶劑。 籌備馬告國家公園。 通過湖山水庫興建計畫。
新竹爆發綠牡蠣事件。	2001	桃芝颱風重創花蓮與中台灣。
	2002	台灣加入 WTO。

個人年表	時間 (年)	相關事件
橫山掩埋場抗爭運動開張。 聖崇參加反「竹科興建焚化爐」運動。 聖崇帶領反對「蘇花高速公路」興建案。	2004	
聖崇擔任行政院國家永續發展委員會委員。 聖崇加入加拿大大溫哥華台灣同鄉會。	2005	京都議定書生效。
參與中科三期環評（后里、七星）。	2006	
參與中科四期二林機械園區環評案。	2008	第二次政黨輪替，馬英九上任中華民國總統。
聖崇加入加拿大 BC 台裔歷史學會。 （學會早在 1998 年就開始做口述歷史研究） 反國光石化（八輕）開發案。	2010	
	2015	後勁五輕廠停止運轉。
3 月 30 日，檢查出胰臟癌。	2018	

序幕

　　解除戒嚴令（1987）是台灣政治與社會運動的分水嶺。先前尋求民主改革的黨外運動，有些繼續為言論自由、國家主權等議題發聲，如鄭南榕的從容就義（1989），有些選擇步入體制下的組織運作，如民主進步黨的正式成立（1986）；而早已風起雲湧的社會運動，更是釋放新一波的政治能量，在土地關懷（1987 年後勁反五輕）、貧富差距（1989 年無殼蝸牛運動）、農業政策（1988 年 520 農運）等等控訴中，除了要求政府重視公平正義，其中出現的要角，也在漸次開放的選戰中大放異彩，構成了 1990 年代民主化運動的陣痛期中，召喚過去與未來最重要的呼聲。

　　而 1989 年的選戰，即解嚴後台灣首次的地方大選，包含縣市長、省市議員及立法委員，同時於該年的 12 月 2 日投票。這個機會，是許多民間人士初試啼聲的競技場，如民進黨就推出從台灣綠色和平組織出線的林俊義教授，而故事的主人翁林聖崇，就穿梭在一次又一次的造勢場合中，靜靜地觀察。

　　1989 年，即將邁入不惑之年的林聖崇，逐漸以身體力行的方式釐清表象世界的迷惑。他總是積極地學習任何知識，將心智打磨成光滑的針，來回穿梭在錦繡大地之上。第一次見面時，你或許會被他發亮的眼神鎮住，尤其他長得高大，像一個巨人好奇人類的花園，睜大眼睛地觀察著。

　　當一個人從自我中心抽離出來的時候，就是像他那個模樣。漸漸地，他對一屋子的精緻不再是直覺式地發出讚嘆，而是提出疑問；而且他會感覺到自己是赤著腳的裸體動物，並非衣著端莊的萬物之靈——也因此他的動作雖慢，卻能時時刻刻眺望山的另一邊，也就是事實的另一面曲折山路。

　　今晚，是他參與組織活動以來，第七次開夜車。為了促成朋友一幅眾星拱月的美麗畫面，他特地從北投載了一車的油畫南下支援，那些藝術作品相當於政治場合的「吸菸區」，可以讓人靜下來、沉澱思量，或是交換「意見」與「籌碼」的地方。當時，台北的鐵路還沒地下化，每逢下雨，聖崇穿越復興南路的地下道的時候，就會被一坑一坑水窪濺得灰頭土臉，還好到了台中，只剩濛濛細雨。

　　那是萬頭鑽動的場面。如果台灣人在精神上有個具體形象，那麼解嚴以後才算開始有卡路里的消長、血液的流速，現在，正是運動的亢奮時期。當時，空氣形成一層薄幕，正緩緩地蓋住舞台的燈光，民主進步黨台中選區立法委員的造勢大會上，候選人林俊義的慷慨陳詞剛剛消逝，群眾熱辣辣的目光便轉移到周邊的義賣品。

　　然而，一幅幅世界名畫的複製品在喧囂的政治語言中，顯得黯淡了。聖崇眼看著其中幾幅快要被雨水劃傷，於是趕緊掏出身上所

有的錢買下。就這樣一大疊的畫框抱在手上，他感受到均勻的美，
是編織在一起的寧靜狀態。

　　此時前方突然呼喊起來，群眾的情緒和疲憊終於達到最高點。
所有工作人員叮叮咚咚站上舞台，手扣著彼此，發出有韻律感的嘶
吼：我們要贏、台灣要贏——雨下得更大了。人的形象在這一刻改
變，某些部份昇華，某些部份卻從此墮落了。

　　聖崇應該上台的，但不打緊。自從跟台上的這些朋友們走過半
年的街頭之後，他已經培養出一種純粹地思考現象而聚焦根源的興
趣；如今他抬起頭看向舞台，事件的變化之快，只有一個恆常的事實：
任何射出去的箭，不是朝向終極，就是虛無。

雖千萬人吾往矣，唯根源在故我在。

Chapter

1

童年

在往來新竹市街與南寮漁港的中點，有一處苦楝樹特別多的地方，人稱「苦苓腳」，林氏家族座落於此。

林氏家族原籍福建泉州府同安縣，自清國時期，由高祖林高庇渡海來台，從新竹海岸開始經營船務買賣，創設「同興行」，到了第二代，才搬遷至苦苓腳專心榨油事業，此後，一直是當地經濟實力堅強的商人家族。

直至第四代林鵬霄考取貢生之後，整個家族有了新的變化，不但躍升至社會的領導階層，更開啟了子孫以讀書為志業的風氣，享譽仕紳望族的美名。

進入了日本時代，現代文明衝擊東亞的時刻，第五代林鍾英謹守家訓，進行開明的菁英教育，人才輩出，整個家族依然在政治與經濟上相當活躍。

而林聖崇，作為第七代的子孫，始終對於家族在文化智性的耕

耘感念不已，而有了廣且深的見識，也才能在台灣社會後來的許多風雨中，屹立不搖。

◇

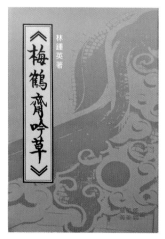

《梅鶴齋吟草》詩集，了解清國到日本時代之間，舊儒心境之轉折的重要著作。

歷史上，很多哲學家關心刺激人們行動的根本因素是何，但問林聖崇的話，他會直接回答：百分之百是家族的關係。這樣的回答是有趣的，尤其在這個個人主義盛行的時代。

如果話題繼續開展，他會以最快的速度，想盡辦法找到祖父林鍾英的《梅鶴齋吟草》詩集來證明，因為那是他的祖父以現代油墨承載的書香，彷彿一百年前的氣味仍在。

如果他接著示意你讀，則又會翻開自己最有興趣的一頁說：「我祖父會寫詩勉勵後輩，這影響多大啊！」

過去的光景，似乎深深地印在他的虹膜，好像無論歲月如何殘酷，他始終都覺得自己與逝去的人並列在同一時空，就像在黃昏時分，走進樹蔭裡，看著每一片落下的葉子年紀都不同。

1950 年 4 月 5 日，林聖崇出生了，他出生的地方並非在苦苓腳，而是在外婆家人稱「水田尾」的地方。1948 年，聖崇的父母結婚，隔年，因為新竹機場闢建，父親那邊的祖茨被劃地徵收，聖崇的父母只好暫居娘家。

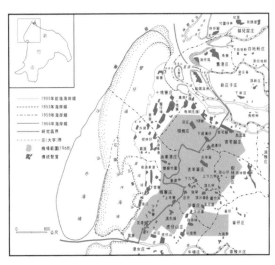

左｜一歲時的聖崇。
右｜灰色區塊為新竹機場的範圍＊，波及到林氏祖茨。

　　孕育母親的孫氏家族很有教養，尤其聖崇的外婆人很安靜，卻很有韌性，樣樣精通。小時候的聖崇幾乎和外嬤黏在一起，無論是做粿、綁粽、醃瓜、養雞鴨，都可以看到小蘿蔔頭在結實的雙腳旁專注地呼吸。有時候，他們會一起散步到木材場，聖崇喜歡爬上巨木，而外婆就會靠在巨木橫切面，揹起可愛的孫子。有時候，聖崇也會訝異於外婆的魔法，像是她會替母雞治病，只要用外公的剃刀在長腫瘤的地方按摩幾下，敷上膏藥，過幾天就好了。

　　而外公，是媽媽這邊的家族之所以「文靜」的關鍵人物。就以最鮮明的印象來說，聖崇記憶中的外公總是在洗手，他是國語學校

＊　圖片取自〈新竹市南寮地區聚落變遷及變遷過程所顯現之人地關係意涵〉，碩士論文，張智欽、韋煙灶，2005 年 11 月，《人文及管理學報第二期》，頁 4。

看著強褓中的聖崇，外婆笑得燦爛。

外公孫牽與外婆孫鄭寶。

（類似當今的師範大學）畢業的學生，後來在國民學校當老師。日本時代，現代衛生觀念像潮水一樣慢慢消融舊慣的沙堡，孫家就是在灘頭迎向變遷的人物。那時，只要太祖往地上吐痰，外公就會跟在後頭以滾水燙之，消毒了才安心；而外公家也是整個庄頭，第一個使用自來水的家庭。

　　對於聖崇來說，在外婆家的生活點滴，是難以忘懷的。直到父親買房子能搬出去住了，聖崇還是時常回去探望，也曾有一段時間，在外公過世之後，由聖崇陪伴著孤單一人的外婆。而舅舅們及阿姨也是對聖崇疼惜備至，時不時就買伊索寓言、拾穗雜誌、偉人傳記、童話書等大量讀物給他，母親更是投以熱切的眼光，盼望孩子的學習之路順遂。

左｜外公過世後，孩子們時常回家團聚。（聖崇為最後排右四）
右｜孫家溫暖，疼惜晚輩。（後排左至右依序為二舅、聖崇、阿姨及大妹）

　　可惜，道阻且長。

　　上了北門國小之後的聖崇，課業屢屢受挫敗。父親關愛的眼神從肩膀上方投射過來，落在作文範本上。聖崇屏住呼吸背誦，半晌——寫來寫去，還是只有「反攻大陸必成」這句話獲得老師賞光。直到初中，只要遇到英文、國文、歷史，聖崇就像一團亂麻，而且數理也不怎樣，幾乎無法專心作案書桌前，但這些都是當時晉升社會的基礎。更慘的是，高中畢業後，考了三年才考進淡江文理學院化學系，而且讀了五年，沒有寒暑假，因為都在「補修」，每個科目就像菜市場裡吊掛著一條條的豬肉，血淋淋地，而他自己就是一隻忙碌的無頭蒼蠅，在周圍飛來飛去。

　　母親看他念得辛苦，不忍苛責，也袂過心，她發覺自己需要一個傾訴的對象。於是，每天早上五點，聖崇還在夢鄉的時候，母親

聖崇家的全家福。（由左而右依序為聖崇、父親及懷中的小妹佳姝、弟弟聖哲、母親孫素嫣及大妹其姝。此景位於父親林祖仁後來買的新家，新竹市建興街 13 號。

就會到廟裡燃香默念，請求觀音佛祖的庇佑──這一幕，直到母子兩人已垂垂老矣的時候，仍然惦記著。如果教條會讓一個人變得平庸，那積極的關注或許會讓一個人的志向遠大。

而談到父親林祖仁的影響，就不得不從祖父林鍾英談起。幾乎如同鄉土的印記──苦苓花那樣典雅的身影，林家子弟，尤其是林

粉紫色的苦苓花，是聖崇家族原鄉之花，給人優雅的感覺。

苦苓的舞姿。

祖父林鍾英。

鍾英是熱愛詩文、關懷社會弱勢的仕
紳。

　　祖父熱衷詩書的幹勁，幾乎影響
了三代人的命運。這是一種家族的性
格，好像閃電不是擊中一個人，而是
一屋子的人。祖父生於清末，成熟於
日治，雖然接受了兩種截然不同的教
育制度，也曾接觸過商業，戮力公職，
而他的長兄們，更是縱橫商場。他嗜
書，雖不以詩文著稱，卻無時無刻勤
於筆耕，記錄社會的風貌；接近晚年

1903 年（明治 36 年）樹林頭公學校第一屆畢業合影，時畢業生僅林鍾英（第二排穿黑台灣衫的右者）與其弟林坤五（左）二人。

時，他則以傳統儒者的風範，歸隱田園，專心教育晚輩。

　　台灣每被外來政權統治一次，整個世代的菁英就被消滅一次。林鍾英作為「跨越語言的一代」，仍然非常努力，不只觀察社會時事，也關懷勞苦眾生，甚至，他走向世界，在其遺稿中寫下歐戰的憂思。

　　投注在子女的心思更不用說了，當了新竹第二公學校二十多年的家長會長，總給孩子指定好老師；而做人處事也從不馬虎，連尋常會面都要贈詩互勉──聖崇曾陶醉地說著，如果有個台語高手，可以吟詠阿公的詩作，捕捉他當年參加全島聯吟的風采，那不知道該有多好！這個時刻，似乎讀文言文對聖崇來說不再困難，因為他的感情早已取代了「釋義」，深沉的感情是不需要解釋的。

林鍾英作〈歐戰後書感〉。

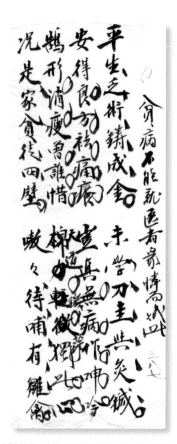

林鍾英作〈貧病不能就醫者眾憐而賦此〉。

林祖仁多年來整理祖父的文物。

　　而會有這樣的情緒，更是有父親林祖仁的傳承，他的熱切，保全了家族隱性的連結。當年祖父過世時，膝下七子唯獨父親，自告奮勇地整理書房的遺物，幾乎是遺稿及少部分藏書，他小心翼翼地以布袋打包，彷彿這些字帖是生命的延續。

　　當年整理祖父海量的文物實屬不易，沒有科技的輔助，只能一字一字地抄寫，而同時為求精確，還央請精通漢文的表哥池湖仔兒（吳欽鐘）校正，以好幾年的時間完成，再翻印給其他兄弟。聖崇看在眼裡，許多年後，則由他承擔起這個沉默的角色，保存並分送家族的珍貴影像給親友。這樣一脈相承的過程，有點像石灰岩洞裡的鐘乳石，一點一滴地，沉澱出圓錐狀的石筍，然後隨著時間拉長，兩個結合在一起變成石柱，這是家族的棟樑。

　　父親的歷史意義不只如此，他天真浪漫的性格更影響了聖崇日後從事社會運動的調性。

　　聖崇始終記得，每當天未亮，黑壓壓的廚房裡總會傳來輕巧的日文歌，歌詞是釣魚的所有裝備。那是父親的習慣，他喜歡將想法打著節拍哼唱。父親最喜愛釣魚，從家裡到頭前溪直奔出去，一南一北分流的海岸線上，常常可以看到他的身影。他喜歡自己畫製鉛錘（以鉛管熔製再塑型，灌到模具裡面）、準備海蟲，把精神拋向廣闊無邊的大洋裡，光是水的波動就充滿意義。

　　聖崇是所有孩子中唯一跟隨父親釣魚的，那是一個寬廣而能釋懷一切的地方。白茫茫的水沫底下，你面對的大海無論怎麼擾動，都不會留下痕跡；而釣魚享受的自由與獨處，沒有過多人類社會的情感糾結，反而能使一個人更加清醒。其實成就父親人生的哲學就

是這種瀟灑與快意，也對聖崇的人生有了潛移默化的影響。

　　說到父母對教育的態度，也是同樣的心情。他們生性節儉，且認為孩子的學習無價。也許是父母兩邊的家庭皆是書香門第，聖崇從小就躺在文化藝術的搖籃裡，光是呼吸的空氣就與一般人不同。聖崇還記得當年 78 轉的唱片，一片 40 多元，在留聲機上形狀宛如盛夏荷葉的喇叭中，流瀉出令人醉心的樂聲，淋在他的心田。然而，家裡也曾有比較拮据的時候，父親便斷絕看電影等休閒娛樂，全力投注在孩子的教育基金。

　　日本時代，父親從新竹商業學校畢業後，就進入土地銀行上班。當年銀行為了穩定業務，非常鼓勵行員拉人寄金（存錢），父親就寫了好多廣告單，上街貼，還參與法拍屋的競標，凡事親力親為。關心公共事務更不用說了，父親對新竹的城市規劃尤有興趣，黨外運動的支持更是積極，聖崇早年就和弟弟聖哲一起去聽演講，一起為親人助選，熱血中參雜父親的一部分。

　　生命很特別，明明用心衡量過的，手把手教的，到最後還是完全不一樣的形象。可是總有某個瞬間，你會發現如出一轍的地方，如果是在性格上，就大大改變了命運的參數。在聖崇身上，這個參數，將會在壯年的時候彰顯。

Chapter

2

水 的 醫 生

　　二戰結束以後，日本政府留下了大量的、優良的基礎建設，現今台灣石化業的前身，就是其中的一個煉油廠及幾個小型肥料廠，在戰後的恢復期中，主要為農業部門提供肥料。

　　1960 年代以前，政府發展勞力密集產業輕工業（如紡織業），以進口替代商品；但是，自 1959 年起，中油公司開始用進口的原料生產「輕油裂解」階段的產品。1960 年代後，政府則轉為出口導向，工業產品所佔的比例大幅提高了 30 ％，塑膠製品的需求不斷增加。

　　到了 1968 年一輕啟用，接連帶動了 1970 年代初期芳香烴廠、乙烷裂解廠的建造，國家於是下定決心，將石化業納入十大建設計畫的一部分，但緊接著，1973 年發生第一次石油危機，全球經濟陷入低迷。

　　1974 年，正式推動十大建設，發展重工業、石化業，進行大規

模的公共建設、優化基礎建設，創造經濟奇蹟，這項模式也成為日
後許多開發中國家的借鏡。

　　聖崇大學以前都在新竹學習，從北門國小畢業後，考取新竹一
中，然後上省立新竹高中，大學才來到台北。在淡江的日子，聖崇
特別節儉，因為知道自己要比一般同學花更多錢完成學業（補修），
於是規定自己一餐不能超過 2 元（那時一碗飯 5 角、肉一塊 1 元）。
那時，聖崇參加登山社，開始積極服務公共事務，幫忙組隊、買食
物、接洽訓導處及救國團，他總能交涉到比較便宜的價錢（如火車
票價），而也是在那個時候親炙台灣山林的壯觀。

聖崇大二時參加淡江登山社（排雲山莊，最後排右一為聖崇）。

　　聖崇雖然課業平平，工作能力卻是超前同輩許多。早在大學時期，聖崇就喜歡在書店看雜誌，往往一駐足就是一、二個小時，或是流連於美術館，捕捉現實以外的靈感。

　　畢業以後，聖崇到桃園33化學兵群擔任化學兵，有1年10個月。當時，國民黨特別注意大學生，入黨的「好處」很多、「前途」無量，然而，在營輔導長的盤點下，聖崇還是巧妙地躲過「邀請」。而蔣介石過世的時候，他是移靈過程中守在旁側的衛兵，站得挺直，而華麗的靈車向所有情緒激動的人民張望，似乎想要較量彼此的神氣。

　　退伍之後，聖崇加入二舅創辦的公司，名喚「台灣培芝公司」。二舅在1960年代從工研院被挖角到台灣鍊水公司（老闆是知名企業家陳雲龍，新竹人），因為大戰過後，日本痛失許多人才，而台灣還保有日本訓練出來的菁英，二舅就是台大化學系畢業的，於是專業受到重用。

　　人需要水，而活的工廠比人更需要水，敏感度、脆弱性也更大。水處理是整個重工業發展中非常重要的一環，並不是一般的水，而是得針對不同功能、製程、規模的工廠進行評估，調配適合的水質。

　　聖崇來到高雄工作，一到公司坐定，他就翻閱《財訊》、《天下雜誌》及《商業週刊》等知名報章雜誌，他從不放棄學習的機會，雖然這些紙媒才剛創刊不久，也大大震撼了解嚴初、像海綿一樣求知若渴的心靈。聖崇在這樣多元學習的自我要求中成長，逐漸和同事拉開距離。他原本就膽識過人，又在大量資訊的累積中頗有心得，於是總能在高階主管面前侃侃而談國際時事；且他事情看得精準，Hî huān hî, hê huān hê（中文：魚還魚，蝦還蝦），觀念分明；他也

擅於觀察，在測試藥物的時候，隨時拿著木尺丈量數值的細微變動，琢磨技術上的敏銳度與發現問題的能力——終於，形象在某一時刻改變，他成為水的醫生。

什麼是水的醫生？當一個人對自己的專業有了信心，他勢必會對這個世界的問題產生一些獨特的看法，從「了解」進階到「解決」。在水處理這門技術裡，透過最重要的「觀察」與「測試」，聖崇漸漸發現自己不是純粹地工作，而是「治病」。也就是說，表面上是賣藥品以提供工廠鍋爐水與冷卻水系統需要的化學物質，可是，每間工廠的性質不同，何時吃抑或怎麼吃，吃完的效果是什麼、系統穩不穩定，就成了比「花錢」更重要的「服務」。好像一個醫生，除了開藥單以外，還要根據病患的獨特性，關心對方有沒有退燒？有沒有嘔吐？大便是什麼顏色的？一間工廠和水處理之間，幾乎是唇亡齒寒的關係，就像我們說「人是水做的」一樣，水的問題也幾乎主宰了工業的生死。

聖崇感受到老天爺的眷顧，竟然在第一份工作就掌握到一大把產業的命脈，當然此刻的他，還只是小魚，必須拚命衝刺。1970 年代，正是台灣工業起飛的年代，水處理公司作為相關企業，也爆發性成長，每個月不只拿到生意，還缺人手。

聖崇每天都忙到凌晨 1、2 點，全身弄得髒兮兮，光是洗完實驗室的杯子就要 2 個鐘頭。

聖崇猶記得，當年剛進去的時候，中鋼第一號高爐剛點燃（1977 年 6 月 27 日）。人類製造出的東西並不具備「永恆」的特質，這個能力只有上天擁有，所以人們自始至終只能「發現」趨近於永恆的

半屏山下的石化王國（陳玉峯提供）。

事物；而這一大把產業也是一樣，高爐會老死。如今已經點燃到第
四號了，甚至繁衍到其他縣市。聖崇的青春幾乎跟著這些產業，直
到頭髮花白，仍心繫老朋友的身體狀況，秉持著「友直、友諒、友
多聞」的古老原則，繼續給予建言。

　　聖崇的客戶不只有中鋼，還有中油、台塑、造紙廠、水汙染處
理廠等高耗能、高耗水產業。而光是中鋼，裡面就有氧氣工廠、動
力工廠、煉焦工廠等千甲地的部門等候著。工廠一停工的代價往往
是數千萬元，因此水這個環節一定不能出差錯，於是，聖崇常常親
赴現場檢測，必要時，還得拿回公司分析，觀察試片腐蝕的程度，
釐清原因。

　　聖崇曾有一次在林園工業區，為設備加好了藥後離開，心裡計
算著時間，當車逐漸駛離廠區的時候，他發現理應冒煙的煙囪卻毫
無動靜，於是又折返回去詢問操作的情況。當年，還沒有自動控制
系統的時候，就是這麼土法煉鋼、「嘗試錯誤」起來的。如果真的

不幸，遇到停工的狀況，則要檢查設備本身，像照 X 光那樣追蹤──
這個以「歸納法」經營的行業，不求學識淵博，但求「積極的關注」，
經過一次次的測試，聖崇漸漸體悟出各式工廠的「體質」，以及他
們真正需要的配方。

Chapter

3

百分之一的後勁

　　哲學家維根斯坦曾說：「或許科學和工業將統一世界——將世界壓縮成一個單元，即使其間將造成無限苦難，即使在那個世界裡和平將無容身之地。」

　　1982 年開始，人們發現疑似大量的工業廢水以及帶有刺鼻臭味的廢氣，籠罩著新竹市水源里。當時稻米死亡，怪病連連，民間直指李長榮化工為罪魁禍首，他們在水源里投資 3 千萬美元以生產福馬林、二甲基甲醯胺及有機溶劑；而且，當臭氣彌漫到校園，嚴重到得戴防毒面具上課時，有高達上百位教授連署並要求行政院長處理這個公害問題。

　　雖然新竹市衛生局介入調停，但居民感到協商之勢遙遙無期，1986 年，居民毅然決定「自救」抗議。居民首先在工廠門口築起一道牆，號稱「環保長城」，接著在牆後搭起帳篷，然後每天輪流派人來守候，白天老人家帶著孫子去那裡做手工，晚上則是年輕人下

班回來時睡在那裡，無論颱風或春節都是如此，以最赤裸的「生活情操」阻斷生產線的運作。當時，工廠還找來吊車，要把卡車吊出來，居民氣得圍住吊車司機，破口大罵，因為他是水源里的人。終於，強悍、堅持的居民在圍廠 450 天後，李長榮被迫關廠。這些居民 1 塊錢都沒有拿，卻贏回了環境的無價，還有未來。如今，那裡從原本新竹市的「米倉」，轉變成宜人的住宅社區。

　　時針稍微往回撥一點，1985 年 8 月，經濟部宣布美國杜邦公司要投資台灣 64 億新台幣，在鹿港設廠生產二氧化鈦，此舉隨即引發民間及學術單位的疑慮。

　　1986 年 3 月，民眾便逐步展開拒絕公害產業的運動，透過文宣、廟埕演講凝聚民間力量，終於串連了 10 萬人連署，戰鼓高鳴，不畏強權，甚至在遊行的途中與鎮暴警察發生激烈衝突。經歷 400 多天的抗爭，1987 年 3 月 12 日，杜邦公司終於宣告放棄在彰濱生產二氧化鈦的全部計畫。

　　反杜邦的成功，成果豐碩，不只促使 1987 年政府成立「環保署」，社區意識的抬頭，也迫使政治人物將環境問題納入競選承諾。然而，理想付諸實體的同時，理想也脫離了實體，因為實體的操作，總是仰賴人性。我們後續會看到這些成果的「自體演變」，如何影響下一個時代的格局。

　　十年的修練，宛如站在高嶺之上感受天地精華。此時，聖崇額頭上的雲彩，正一層一層地堆疊起來，隨著風，飄到遠方不知名的

山頭，以「水處理」這個專業，開始了另一個宇宙的戰場。

　　1987 年，聖崇升遷，被公司調到台北。再次回到這個大城市時，他已經快 40 歲了。此前在高雄的生活，他兢兢業業，看遍了各式工廠內部的「實際」運作，可以向任何人侃侃而談技術問題，然而，一放到台北街頭，他儼然一張白紙，素淨而溫柔。這時的台北，可正風起雲湧，即將邁入新紀元。得知道，台灣的社會風氣並不是從解嚴後才幡然改變的，而是像火箭的推進，很多人燃燒自己，將民主意識一步一步地加速，才成功的，也許發射的時候少人圍觀，但藉由人民教育政府這樣由下往上的力量，在數年前，許多衝撞早已透露出勝利的光暈。

　　聖崇的弟弟聖哲，就是最早推動的其中一份子。他是新竹當地的名醫，也是新竹市公害防治協會的一員。台灣環境運動史上，有兩起事件幾乎是承先啟後的角色，一是李長榮化工的抗爭，二是鹿港反杜邦。他們是台灣進入工業化後，欺凌土地的業力引爆，而集體起義的鬥士，以接力賽的方式將運動能量推展到民主化運動。聖

哲以醫者的仁心，憐憫土地的創傷，戮力奔波於每一次的攻防。他深信教育能改變人的價值觀，所以在協會裡創刊，以知識普及為目標，經營教育園地。

聖崇看在眼裡。在他負笈北上的兩年後，終於在一次機緣底下全力投入社會運動。1987 年，綠色和平工作室成立，其中的要角粘錫麟老師常駐高雄後勁 18 個月，一邊做社會運動，一邊與同伴商討如何走下去。

粘錫麟老師，又稱「環保弘法師」，是台灣環境運動史上的苦行僧。他原本是小學老師，投入反杜邦之後，從此為環境運動疲於奔命。他繼承父母的剛正，為沉默的環境仗義直言；他全心投入抗爭，注重大結構的問題，不被任何單位摸頭。他說：「從事環境工作勞心勞力，悲憤常縈心頭，這種生，又能何喜？生既無喜，死就莫悲。」他是以環保為志業的人的典範。

左｜環保弘法師粘錫麟老師。
右｜粘老師的家「綠色主張工作室」，是在鹿港民生路上的古厝，偌大的抗爭畫布下，兩行志業的門聯：「綠色資源留後代，主張環保拚今朝」。

有了這樣風骨的人的召集，大夥兒決定延續下去，就在 1989 年，像一群從森林的土壤中蟄伏已久、奔湧出來的蟬，帶著土地的心音，正式成立「台灣綠色和平組織」，在枝頭上喊得聲嘶力竭。

許多人可能疑惑，上述的組織，和駕著快艇衝撞捕鯨船的「綠色和平」相同嗎？

台灣綠色和平組織的標誌。

是不同的。我們都知道，現今所謂的「綠色和平」，一直到 1997 年到香港註冊，同時成立中國北京辦公室，然後才在「2010 年」於台北成立「台灣分支」。

事實上，「台灣綠色和平組織」也曾行文內政部，提出社團申請，可是，內政部回函說，「提及」台灣的，不能用；而且，綠色和平和環境保護「沒有關聯」，因此駁回。由此可知，當年的環境運動豈止弱勢，政府的思維還停留在《說文解字》的時代。

在「台灣綠色和平組織」成立之後，來自各界的人士，諸如自立晚報記者林美娜、新竹市議員蔡仁堅、環保弘法師粘錫麟、林俊義教授、綠色小組王智章等人，決定要募款以支持組織運作，預計邀請 100 人入會，每人繳 5000 元會費，湊齊 50 萬元。當時的大會在台大校友會館四樓成立。

林聖哲也被邀請了，他轉而詢問哥哥的意願，想不到這一次順水推舟，將牽引出聖崇往後數十年的環運之途。他只是 100 人當中的其中一個，其後勁卻強烈到影響土地的命脈。

左｜熱心參與新竹市公害防治協會的林聖哲醫師。
右｜聖哲永遠是聖崇的知己。

左｜台灣綠色和平組織辦公室內，大家正在商討活動。
右｜1990 年代，台灣綠色和平組織曾在台大校門口和學生一起絕食抗議。

聖崇對環保團體總是不遺餘力地付出，外表嚴肅的他，實則內心溫柔、謙沖自牧。

1991 年台灣綠色和平組織的會員手冊。

聖崇於 1991 年擔任台灣綠色和平組織會長。

Chapter
4

麥田捕手

1968 年，中油在半屏山下，設置第一座輕油裂解廠；1975 年，二輕開始運轉，整個後勁的惡夢開始。除了長期的空氣、水汙染外，陸續發生了「點蚊香與點香菸引發油氣爆炸」、「地下水點火會燃燒」等荒謬情事。

在危及日常生活的情況下，政府又於 1987 年 6 月宣布再興建第五座輕油裂解廠，後勁人再也忍不住這種對「生命尊嚴」的汙辱，就在當地聖雲宮擲出六次「立筊」的神蹟後，居民彷彿有了神的護助，決心反抗。

「後勁反五輕」是台灣環境運動史中，極其激烈的戰役之一。以圍堵廠區西門揭開序幕，擲汽油焚車、爬燃燒塔掛布條，在抬棺抗議的遊行中，以「宋江陣」對決「千名軍警」，甚至還舉辦了台灣史上第一場「公投」（於 1990 年 5 月 6 日，堅決反對興建五輕廠以 60.8% 勝出，但沒有對政策造成任何影響，在郝柏村夜宿後勁之

後，依然動工）。

　　1994 年，五輕廠正式運作，政府承諾居民 25 年後還廠，輔以回饋基金補貼傷害。然而在運作期間仍不斷發生重大的工安意外，幾度抗爭（2008 年）也消磨著人們的生命力。粘錫麟老師即在後勁傳承鹿港反杜邦經驗，一個一個在地的猛將（劉永鈴、李玉坤等人）也熱切投入。雖然運動暫時落幕，但人們不敢懈怠，不僅委託學術單位進行專業調查與監測計畫，也積極規劃在未來設立自然公園、生態教育。終於在 2015 年 12 月，五輕關廠，結束了這長達 30 年的剝削。

　　相較於反杜邦與反李長榮的完全杜絕，後勁反五輕往後的命運多舛，無盡的商討，或是以「三年一小反、五年一大反」那樣地督促，則耗盡了許多人的一生。此戰役是後續公害汙染的預示錄，接受賠償的後果與居民周旋的路徑，都是其他縣市開發案的前車之鑑，雲林麥寮六輕、中科三期、中科四期、新竹科學園區等等都是。一塊土地的變質，可能是全境生態系的潰決，人們身心的潰堤，也不遠了；拉開時空格局，我們可以思考補償金的意義何在？盤算日常的犧牲，我們如何與一頭工業巨獸長期相處？繁榮的代價？隨著當年揮舞旗幟的戰將凋零，半屏山的古老記憶仍在，希望在當今重建的過程中，一點一滴地尋回。

　　聖崇一入會，便告訴自己凡事必得積極參與。也許是家族的教誨，很多在平台上歇斯底里的都是年輕人，而他——暫且稱為「知」

汙染的人──也努力學習，像一粒石頭拋到湖面，發出「咚──」
的聲音，比「懂──」輕了兩個音階。當時，聖崇作為台灣綠色和
平裡的總務，常常一個背包出門就衝撞體制。

　　從反杜邦之後，環境問題成為各個意識型態齊聚一堂的「大教
堂」，好似午後的斜光從玻璃窗花照射下來，落在各個政治光譜委
身的隱形斗篷之上。土地的心聲是最沉默的控訴，也是最無法捏造
的證詞。

　　而組織第一次舉辦的公害之旅，就是去八斗子參觀垃圾場。雖
然宣傳很少，卻叫聖崇看見了城市人自己製造的垃圾，像一塊惡性
腫瘤一樣，汲取了全身上下的養分，卻威脅每個健康細胞的安危。
當時由在地居民王拓帶領，與會人士有夏鑄九教授、鄭先佑教授及
其學生。聖崇看著垃圾山靜悄悄地隆起，一瞬間好像看見海岸植物
倉皇出逃，惡兆來勢洶洶。大夥兒也曾來到拉拉山水果園，見證農
業上山的威脅，一條又一條的公路開通了，卻不是換來繁榮，而是

聖崇前往拉拉山水果園勘查。

利用經濟的闊斧，剷平山林，原始森林的樹頭都不見了，人們也因此背負了更多的債，只是尚未意識到這恐怖的財務黑洞。這次的活動，為九年後的「搶救棲蘭檜木林」留下伏筆。

除了迎戰時代的惡果，台灣綠色和平組織也隨時調整、精進戰略，就在同一年，由林俊義牽線，前往史丹佛大學參加工作坊，並訪問加州環保團體的心路歷程，如山岳俱樂部、樹人組織等等，後勁反五輕的頭號戰將劉永鈴也參與其中。聖崇看見了人家多元的思維，以及更加完善、永續的經營方式，也形成日後不得不批判台灣環保團體時的寬大胸襟。

經過許多活動的洗禮，聖崇快速地發現到發言掌握力道的問題。有次，大家聯合立委舉辦記者會，突然，聖崇坐在席間自問：「我要怎麼講話才好？」右邊坐的，是民進黨主席黃信介，左邊，是中油石油工會理事長，而自己，正在反五輕！又有一次，與原住民、農民站在一起，但自己不久前才呼籲「高山不能種水果」、「集水

聖崇關懷環境，永遠是衝第一線，圖為工程單位違法亂紀。

聖崇跳出來，與警察論理。

區不能開發」等恐怕危及某些人的生計的議題──此等陳述，一旦
全盤托出，即是弱弱相殘的狀況，該如何拿捏？聖崇思量許久，終
於在最後一刻說道：「一切希望兩黨候選人關心永續發展的議題，
以『持續性發展』為最大指標。」有些話，連在最大正當性的場合
也是講不得的，同時，很多事情也是真的無解，一切努力克己，只
是在調整毀滅的方式，從動脈，還是從靜脈……。

　　1921 年，台灣民族運動者蔣渭水醫師在文化協會第一期的《會
報》上，發表了著名的〈臨床講義──對名叫臺灣的患者的診斷〉，
以一位醫者的仁心，將台灣診斷是「世界文化時期的低能兒」，肇
因於「智識營養不良症」。他指出，明明台灣的素質純良，但是自
清國以來，「政策中毒」，體質漸衰，而變得「腐敗、卑屈、怠慢、
只會爭眼前小利、智力淺薄、不知立永久大計、虛榮、恬不知恥、

惰氣滿滿、意氣消沉……」，蔣於是開出「教育」處方，以「大量學校、圖書館、讀報社」根本治療。

將近 100 年前的診斷，如今看來又變成什麼模樣了？

蔣渭水是日本時代第一批受到西方現代文明衝擊的知識分子，他的直言，點出了台灣人的素養與社會風氣敗壞的問題，並且期待以「知識的力量」改革之。然而，知識普及之後，真的能改善這些「症狀」嗎？我們看到，儘管經歷富庶的年代，上述那些負面取向還是蛀蟲一樣啃食著優良的基礎，尤其，「爭眼前小利」與「不知立永久大計」的惡果完完全全在環境運動中「成熟」。聖崇內心的煎熬，常常是考量到台灣整體的生死大計。他知道維持著台灣本來的生態體系（共生），是一切營生的根本，可是在人類中心主義的思考中，人與自然的關係就是一種零和遊戲，「人定勝天」。他彷彿看到一個病入膏肓的軀殼，明明已經四肢肥大，卻仍暴飲暴食，沒有自制的能力，吃飽了還是繼續吃，這樣會離死亡不遠的。

聖崇感到沉重，不禁想到梵谷的畫作「麥田烏鴉」，歷史上多數人認為這幅畫是梵谷預示自殺的遺作。厚重卻遼闊的藍黑色天空壓住了緻密的黃褐色稻田，鴉群僅以粗獷的黑色線條撞擊那每一筆都躁動不安的油彩，然後飛向小路的盡頭。如果這是一個人精神上極度憂鬱的表現，那考慮到台灣島處處掏空的死結，其實也很容易陷入一種無力感。

然而，聖崇並不是一個放縱情緒的人，他也是那抑鬱天空下的一隻烏鴉。他告訴自己，如果盡頭代表一種絕望，那他倒要看看，一座島嶼如何被分食滅亡？不安的原野如何控訴歷史？以長鏡頭拍

文生・梵谷（Vincent Van Gogh），〈麥田群鴉〉。（取自文生・梵谷的生平簡介。
網址：https://whsh103112062.weebly.com/40613300003267640232.html）

攝，你可以看到一片金黃的稻田之上，忽然出現一個守望者，他衣
衫襤褸，身上掛滿人們打算丟掉的綴飾，他的裝束，無聲無息地震
懾了偶來分食的禽鳥，在蕭瑟的風灌注之下滿腹離騷，辛勞？他只
知道，「來了多少，就去了多少，世界依舊存在！」

Chapter
5

背水一戰

　　1989 年，是許多台灣人剜肉刮心的一年。縱然發布解嚴令，但惡法尚在，桎梏尚在。

　　由鄭南榕創刊的《自由時代週刊》，仍然繼續堅持言論自由的理念，針砭時事、歷史，碰觸戒嚴時期的禁忌話題，且鄭南榕對台灣前途的思考逐漸成熟、明朗，在發動改革遊行的過程中，主張以「台灣獨立」來達成真正的民主化，進而獲得世界各國的承認，建國才是台灣唯一的活路，讓越來越多民眾鼓起勇氣走上街頭。

　　然而此舉引來政府的追殺，在 1989 年 1 月 21 日，鄭南榕遭到高等法院檢察署扣上「叛亂罪」的帽子，鄭氏不願出庭，抵死不從。此後，他決定將自己關在雜誌社內自囚，並建造防禦工事以抵抗警方的追捕，還有許多志工朋友在旁側協助，巡邏守候。

　　在幾個月的僵持中，檢察官仍決意攻堅，就在 4 月 7 日這天，警方派了約 200 人進行這次拘捕行動，還有消防大隊支援，甚至以

打電話的方式，癱瘓雜誌社向外求援的機會。雙方爆發激烈衝突，從屋裡丟出的汽油彈，甚至造成消防人員嚴重灼傷、嗆傷。就在混亂之際，大夥急忙救火時，鄭南榕心意已決，一個箭步將自己鎖在總編輯室，引燃事先準備的汽油桶，自焚身亡。

這個消息很快地傳遍全台，許多人情緒沸騰，大家莫不哀悼這個為台灣前途憂思、從容就義的年輕人。就在 5 月 19 日，在鄭南榕的入殮和告別式上，上萬民眾前來送行，在隊伍中，同樣為台灣民主及獨立運動奔波的民進黨基層黨工詹益樺，這位主張抗爭到底的烈士，身上披著「生為台灣人，死為台灣魂」的布條，然後點燃汽油自焚身亡。

他們對生命充滿熱愛，即使消逝了，也是回返青春。這個青春，更是台灣民主深化的契機，不斷啟發後輩對於理想社會的追求。後來，李登輝總統持續推動修法，讓「自由」的理念遍地開花；同時野百合學運的發起，也進一步廢除《動員戡亂時期臨時條款》，制定《中華民國憲法增修條文》與國會全面改選；1992 年，中華民國刑法第一百條終於修正，以確保各種言論表達的自由。

聖崇也走在這場送行的隊伍中，他已經無緣親炙這樣的人物了，可是他們氣息相通。鄭南榕的殉道，就像第一場春雨降於飢渴大地，聖崇了然於心。

◇

在鄭南榕自焚事件過後不到幾個月，就即將迎來大型選戰。1989 年 12 月 2 日，台灣舉行縣市長、省市議員及立法委員選舉，做

為解嚴後第一次大型地方選舉，許多來自街頭的「勇腳」首次參政，邁入政治的泥沼。台灣綠色和平組織也不例外，代表人物林俊義投入台中市立法委員選舉，其他人物也有各自支援的目標，組織內部於是進入短暫休眠。

所謂「蜀中無大將，廖化作先鋒」，當檯面上的能者「單飛」之後，水牯牛如聖崇者也不得不進化成一頭衝鋒陷陣的鬥牛，撐持組織的運作了。漸漸地，他的發言次數變多，眼神變銳利，舉手投足之間越來越像一個執政者的鏡子，替他們自問所作所為到底有無承擔——當然，此時的聖崇只是一介倡議者，但治理鄉里的藍圖已悄悄鋪陳在鏗鏘有力的批評之中。

他觀察已有一段時間了，當時參選新竹市長的有國民黨籍童勝男、民進黨籍施性融，兩人在數月的交鋒後，形勢已如殘夏的睡蓮，萎縮在政治習以為常的惡鬥中，荷葉片上處處是空洞的脈絡——而聖崇是信仰演說力量的，他無法容忍這兩人所說的話當中，對未來的誇張鋪陳，於是，他決定自己也要跳下去參選，以說出一個更理想、更符合實際運作的社會！

這個根據觀察、也十分真誠的想法，幾乎嚇壞了所有人，當然也包括他的至親。時值選前 1、2 個月，該醞釀的、該渲染的、該拉攏的早就佈局好了，這個初出茅廬、又無黨的支援的小嬰兒，到底要如何爭勝啊？就在其他人的質疑下，聖崇還是打赤膊地投入新竹市長的選戰。

他領出了 100 萬的積蓄，找來一個合作無間、知己知彼的最佳助選員——弟弟聖哲，來共襄盛舉。那個霜降剛過的季節，聖崇大

概是全台灣自辦政見會最多的人。他一天可以辦到 5 場，雇用了司機及一部車（月薪 6 萬），四處留下理念的足跡。有時張旗宮廟、有時駐足禮堂，聖崇總是穿得西裝筆挺、扶正麥克風演講；四周插著「無黨無派」的標語，宣傳車頭頂還掛著一幅正氣凜然的大頭照，彷彿連近視的人都不怕看不清楚，滿面紅光卻毫不害臊的聖崇，憑著一股專注服人。雖然來的人不多，但聲勢不是他所關心的；他苦民所苦，一心一意盼能報償鄉土的情懷，甚至感動了如影隨形的警察。要知道，當年的政治活動可不是只要合法就能「攤在陽光下」，專制的「陰影」仍在，就記錄於警察所側錄的影像中。跟在聖崇旁邊的警察，也被他的真誠感染，有感而發地說：「你講得很不錯，不投給你會歹勢啦！」

聖崇租下不到 20 平方的競選服務處，木質隔板的牆上則張貼著各式主題的方針：治安、勞工、人民權益、老兵眷村、國家前途、環保、社會福利、交通、教育、殘障及無住屋。在方針之下還貼著討論串：一張手寫筆記接龍，然後旁邊倚著新竹地區衛星影像圖的大拼貼，不同顏色的圖釘則將理想的幅員投射過去。聖崇處理公司的業務之餘，吃睡都在這裡，努力演練辯論的攻防。當時的對手童勝男誇下海口：「我要讓東門城那條護城河變成塞納河！」聖崇斥責道：「你在亂搞，那裡根本沒有水啊！」面對對手以無害的妄想，蠶食人民對理想世界的期待，聖崇就會馬上跑過來搗毀這棟空中樓閣。這時，對手方才的甜言蜜語，就會像一塊剛從冰箱拿出的奶油，在熱鍋上快速融化，或是像一個人的關節突然承受不住身體的重量，而雙膝跪地。聖崇清楚這些政治支票的煽動性及真切程度，所以他

聖崇在競選宣傳車上開講，有時也下來，懇切地表達土地的心聲。

聖崇在競選宣傳車上開講，有時也下來，懇切地表達土地的心聲。

聖崇的競選辦公室，牆上佈滿他的理想藍圖。

必須搶先替民眾注射預防針。於是，他每次演講都提早，先把對手的空頭支票唸給大家聽，這樣就能減少在暗處滋長的非理性行為。

　　也許是時代氛圍剛從閉塞的制度中甦醒，大家殷殷期盼英雄擎天，所以來政見發表會上的民眾雖然很多，實則是看明星的心情。聖崇發現，除了黨的力量，候選人本身還是需要有群眾魅力的，演講只是調伏聽者內心的流動、翻覆與延展；只是，聖崇恪守的是，即使演說有水的可塑，但也得遵守理的律則。有些人勤於做筆記來記錄民眾的生活，為後續的應答留下好印象；有些則透過紅白包的交頭接耳，以穩固交情，選舉的技巧可謂五花八門，有趣的是，有些黑道還做足功夫，無論是哪一種政治立場的候選人都贈送香菸，通通有獎——使人想起一句古老預言：「絲線不可見地流著，一擊就打成千百種聯繫」，西方最有名的惡魔梅菲斯特狡黠地說道。以公義起家的聖崇，當然二話不說，還回去。

　　聖崇的直白，一如宣傳單上的素淨，然而，你不難看出一片晴朗的天空如何俯瞰大地。彷彿是以祖父的名義開出的支票，如果他

聖崇在演講會上，大談政治理想。

不付款，祖先就得坐牢——那樣慎重。聖崇的競選文宣，竟然是一張願望清單，舉凡水資源、語言教育、失業、保險等議題都臚列至少一項政策，以未來世代可能苦惱的困境出發，然後在文末附上一塊「石敢當」，鎮住懷疑主義者的煞氣：

事關您的權益：

1. 請踴躍前往政見會聽講。

2. 歡迎提出問題，立即回答。

3. 請比較各候選人的政見。

4. 請攜帶錄音機來，以便爾後驗證候選人開立之「支票」。

從古老年代的「發毒誓」，到當代「政治食客」的「憑良心」，實在不如上述「比較」及「驗證」來得堅實。聖崇將工作上一貫的態度放在政治活動上，令人眼睛為之一亮。透過比較，我們能評出優劣；透過驗證，我們能擬出長久之計。在台灣的主體認同尚未確立之際，這樣釜底抽薪的基本功，將成為書寫靈魂的健筆，即使環境如何險峻，魔鬼的面目如何幻變，我們總能走出小聰明的煙霧。

你還可以發現，聖崇像小男孩那樣，好奇地實驗手上的調色盤，他知道某些基本顏色，有冷暖之感，而他有興趣嘗試。整個選戰，他主打「民主‧公義‧永生」，將新竹市的未來放眼到幾百年後的繁榮。他在自己的個人簡介寫下學經歷，以及「祖先」——從開臺祖林高庇開始—破題，然後以「新竹就是我的家」訴諸共同的記憶

與情感，將新竹的好、新竹的美、新竹的多元人口、新竹的古樸內蘊大聲朗誦；然後，再點出自己在治理上的「願景」，以當時心中仰慕的「政治家」為榜樣，如陳定南、張博雅、余陳月瑛等人的具體政績，並寫下自己的短評；然後以醒目的紅字作結：

> 林聖崇的一句預言，也是鄭重的警告。
> 如果在台灣的住民，不能以上帝痛疼（thiànn-thàng）在這地球上的人類，一般地痛疼、關心，照顧這塊美麗的島嶼，在公元 2000 年台灣將成為死亡島；而政治腐敗，特權橫行導致社會沒公義，將加速它的到來。

以當代的競選尺（恥）度，我們很難想像一個市長候選人端出的牛肉，是這樣「露骨」、「味如嚼蠟」、「去蕪存菁」、「如鯁在喉」。然而，這裡面的每一句話，無一不流露出慈母那樣「愛之深、責之切」的溫柔之情，以及願意一肩扛起厄運的魄力。以未來子孫的眼光，筆者肯定感謝這個在歷史洪流中不屈不撓的人物。

選戰艱困。聖崇猶記得當時想要夾報宣傳，還得懂得權謀算計。表面上夾一面廣告紙 4 角、雙面的 8 角，但在送報伕的王國裡，怎麼可能容許另一方梟雄大張旗鼓？何況他放不放，根本沒人可以約束。所以根據送報伕的個人意識「配給」，往往夾得不踏實，或數量浮報。但聖崇不以為意，在那段奮鬥的歲月裡，除了感謝弟弟的陪伴，還有雪中送炭的父親。父親林祖仁當然知道兒子的「擇善固執」，最後會是什麼結局，但是就像運動會上每一位、拿著相機

聖崇的競選文宣，骨子裡滿是熱情。

要捕捉孩子跨過終點線的父母，他牽著聖崇的手，挨家挨戶拜訪新
竹市區的長輩。這些長輩總是笑盈盈的，眼角吐露出一絲疼惜，當
然，是對整個台灣終於出現改革的曙光感到欣慰的，前浪推著後
浪，那種感覺就像看見一隻大鯨慢慢浮上水面，背鰭遠遠看去像一
座青山。

　　另一方面，聖崇從頭到尾都是單打獨鬥的，許多好友、親戚因
為選擇了黨的立場而無法給予支持，這自然是理解的，好在自己淋
漓盡致地完成了那份赤子之心，這在人的一生當中，也是不可多得
的機會吧！

　　最後的結果聖崇大約得到 2 千多票。這一場「牧羊人的奇幻之
旅」終於結束，他不會忘記自己說過的承諾。民意如羊群，雖然他
日日喚起昏寐的羊，前往下一個目的地，雖然他們一起欣賞著沿途
大地的奇特景致，可是聖崇終究不會依賴羊群，而是去追求自己的
天地之心。他將羊群留在一座傾頹的小廟旁，小廟內的的偶像已被
劫走，香灰撒落一地，而殘垣的縫隙中，新芽正奮力生長。聖崇再
度整理好行囊，出發了，他看見夜晚的星子，孤獨而快樂。然而，
我們很難確定走向民主化，就等於告別漫漫長夜。也許有另類「風
暴」正在形成，聖崇早就知道結果會如此。

聖崇參加《舊金山合約》40 週年遊行紀念活動。

Chapter

6

垃圾大戰

　　40 年前，在環保署的廢棄物清運制度尚未建立之前，台灣曾經有為數眾多的「拾荒者」，數十年來默默處理廢棄物回收。他們雖然多為病貧老弱，流動性高，處於古物商的下位，卻為社會提供驚人的貢獻。

　　當時的資源拮据，社會型態簡樸，然而，當都市化到一定程度的時候，新興消費型態的鼓吹之下，傳統愛物惜福的價值觀已有劇烈改變。在激烈的商業競爭中，包裝商品的趨勢愈來愈誇張；而且，講究衛生的情況下，免洗餐具成為一種迷思；還有，便利超商的大量設立，以及外食人口增加，導致零碎的消費行為愈來愈頻繁，等等生活習慣的轉變，讓垃圾呈級數成長，直到政府不得不面對爆量的垃圾問題。

　　於是，1982 年始，政府辦理北、中、南三都會區的垃圾處理綜合規劃，1984 年，經建會及衛生署據以上規劃研擬「都市垃圾處理

方案」，然後於 1991 年，在環保署成立之後，延伸為「垃圾處理方案」，積極建設焚化爐，也建立 3R 回收體系，並預定在 1996 年前，達成所有垃圾清運 85% 的妥善處理，焚化處理比率達到 5 成，大型焚化廠委託公民營處理的比率達到四分之一，等等。

　　政府的作為看似積極，卻棄第一線的拾荒者於不顧，任憑其自生自滅，你常常可以看到，一些撿拾者為了有所收穫，得搶在回收車到達之前進行回收作業，而他們處理垃圾的堆積處，因不是私有地而遭受驅離，並且得常常與體制內外處理垃圾的人員爆發「搶奪戰」。另外，中央將垃圾處理的權力下放，間接促使各縣的垃圾分類標準不一，而大型焚化爐卻一個個興建、運轉，有些焚化量達不到預估的半數，而必須面臨轉型，例如處理事業廢棄物。

　　舊垃圾尚沒解決，新的垃圾處理機制卻效率不彰，還增加了一整個階級的社會問題。文明建立在廢墟之上，偏偏，處於文明中的「奇蹟王國」台灣，在遠離貧窮的同時，也把美德、精緻的思量投擲出去，以為在新人間，但只是陰影的另一面。

　　1990 年，聖崇加入民主進步黨。1 年後，在國民大會代表全面改選時，聖崇被列為不分區第 36 名。依當時的情勢判斷，這個位置大抵是無望了，但此刻，一頭水牤牛的形象又回來了，他重新回到生命的原野。

　　當時國大代表的演講會盛況空前，聖崇既沒了競爭選票的負擔，索性化身為騎士唐吉軻德奔波各大鄉鎮，以「環境保護」打磨而出

的方針，從台北、宜蘭、花蓮、台東、屏東、高雄、台南、雲林上台助講，順時鐘繞了台灣一圈。在每一場次的空閒之餘，則開車到附近晃晃、考察。

事實上，祥和的風景裡處處都是問題。聖崇記得深刻，有一次到雲林的植梧國小演講，順道去麥寮海邊考察養殖漁業時，發現那時台塑已經來到當地調查，並設置辦公室。聖崇回憶道：「我去看開發現場，知道台塑從全台許多河川的溪床搬運大石頭過來做地基，也有從中國私運石頭的，堆起來後要打樁（龍門樁）。我記得濱南案（七輕）環評的時候，我質問中鋼郭炎土，如何對台灣的自然資源進行評估，他也是無要無緊，說只要從中國運來土石就妥當了。」聖崇的眼睛，掃向農村經濟的崩解，一場結構性的改變正要開始。

唐吉軻德是西班牙小說家塞萬提斯筆下的英雄，這位小說家試圖寫出中世紀騎士文化崩解的實情，以諷刺的方式，將他筆下的人物與當時庸俗的風氣對照。因此，唐吉軻德的勇氣與自由的信念，也等於在亂世中真正告別真正的騎士傳統。他總是騎著一匹瘦馬，帶著一隻獵兔狗，身上揹著長矛，四處冒險；而聖崇則是開著美國雪佛蘭肌肉車，隨身佩帶當時鮮少人能擁有的大哥大，以及一台傻瓜相機。他把選舉當作環運，繼續深化自己的看見。

塞萬提斯賦予唐吉軻德的精神中，一方面以純粹的信仰攻陷實存的亂世，一方面又以信仰的原則打破了一生的邏輯。而此刻你可以看見聖崇幾乎以一模一樣的方式，視「永續」為信仰，對抗經濟起飛後，利益至上的蹂躪。他清楚地曉得，生命在用盡氣力的時候，無論是幻象或世俗的理解，都不再重要，因為只有他自己能選擇要

在哪一個世界活下去。

　　1991年，因應各縣市越來越多的垃圾山問題，環保署訂定了「一縣市一焚化爐」政策，不僅提高處理的效率，也減緩居民因鄰避心理所造成的紛擾。而第一波推動的名單中就出現了聖崇的家鄉：新竹南寮漁港。

　　南寮漁港的歷史淵遠流長。此地在日本時代，曾經是全台灣最頂級的海水浴場，也是新竹人的驕傲。枕著白晝的美麗沙丘，防風林下的小木屋有兒童嬉戲的身影。後來，被指定為垃圾掩埋場，就不再看到遊客雙腳的印記，如今，又要建起焚化爐——

　　　　無生命的砂子的悲哀呀
　　　　沙沙　　沙沙地
　　　　從我緊握的指尖　　滑落

　　　　潸然淚下
　　　　變成小砂球
　　　　眼淚好沉重呀

　　這首節錄自日本作家石川啄木失戀時寫的短歌，或許可聊表聖崇當時的心情，他疼愛著鄉土的一草一木，卻看著它逐漸失去血肉。但是，他絕不放棄搶救的任何一絲希望，偕同弟弟、友人柯建銘及反李長榮大將鍾淑姬，前去和居民談話。

　　聖崇在群情激憤的居民面前，看到痛苦的捺印，一位老漁夫

聖崇（左）小時候和弟弟在南寮海水浴場的合照。後方為木麻黃防風林。

說：「我死是沒關係啦！但那種汙染對後代子孫不好，我是一定反對啦！」而作為人民的集思廣益者──議員卻是支持的！更殘酷的是，因為鄰近新竹機場，若焚化爐一蓋下去，煙囪會做得很低（45公尺），對民眾的健康的傷害又更嚴重了。當時的抗爭，雖然結果是失敗的，但聖崇也因此研究了焚化爐的作業流程，諸如靜電集塵、噴尿素的使用，以及淨硫化物等。

　　焚化爐的啟用最早從內湖廠（1991 年）開始，當時的技術是用水洗的，再排到基隆河；內部則設有溫水游泳池，以及利潤補償機制等等回饋方式。整個廠雖然整理得乾乾淨淨，聞不出味道；但關於重金屬汙染，聖崇是了然於心的，甚至集塵灰要如何固化的問題，他還特地去請教師承日本的台泥老員工。他發現，原來，如果水泥

左｜曾任國大代表的鍾淑姬與聖崇一起為新竹環境打拚多年（鍾淑姬 提供）。
右｜在鍾淑姬的工作室開幕時，聖崇（右二）與新竹公害防治協會的朋友前來祝賀（鍾淑姬 提供）。

和集塵灰一起「固化」，是不會造成汙染的，但糟糕的是，現代製程中沒有上述這個步驟，而是直接跳到「造粒」，化學結構會不穩，因此造成嚴重的生態問題。

　　事實上，直到現在，聖崇還是繼續反對焚化爐，而且現今更棘手的問題是，全世界經濟重組，疫情趨緩後，台商若回流，將有很多工業廢棄物無處可去，因為台灣焚化爐興建的規格是「家庭焚化爐」，而工業塑膠的熱值太高，沒辦法燒。另外，現在有些焚化爐要關閉，垃圾在各縣市之間載來運去，「燃燒」與「埋灰」的交易在檯面下進行。

Chapter
7

幕間劇

（1990）

昨天，我身邊有個人
大聲喊出你的名字：
我覺得彷彿一朵玫瑰
自敞開的窗口拋入。

今天，雖然你和我在一起，
我把臉轉向牆壁：
玫瑰？玫瑰是什麼樣子？
是一朵花，還是一塊石頭？

——節錄自〈不會發生兩次〉，辛波絲卡

　　1987 年，37 歲的聖崇回到久違的新竹，把高雄所有的家當都載回家。

　　到家後，還沒坐定，爸爸就趕著要帶聖崇去新竹市區繞繞，原因是當回到新竹的時候，父親總想要告訴他，這座城市哪裡變了，什麼時候變的，誰做的，怎麼不經過腦袋好好想想……父親清楚得很，因為從小在這裡長大，他都不曾離開過，不會錯的。

　　到達家之後，弟弟捎來信息說今天晚上休診，要好好慶祝一下。聖崇走進書房。

　　這是他小時候讀書寫字的地方，裡頭的擺設幾乎沒什麼變動，倒是窗戶外的風景變了許多。他已經不是小男孩了。牆上貼著參加登山社的照片，走過玉山、新竹的聖山大霸尖山，他還記得旅途中，還被學長救了一命；書櫃裡，映入眼簾的是大學的畢業紀念冊，那是淡江有史以來唯一一本印成黑白色的畢業紀念冊，因為付印前一天蔣介石過世；書桌前，則裱框著一張合照，那是和畢業演講者邱永漢拍的，還記得他在致詞的時候說：「我回來台灣不是要走降啦！是堂堂正正的，蔣經國還要我見他哩！」；然後，聖崇打開床頭櫃——

　　那是一封信，是畢業時父親寫給他的。

　　聖崇還記得，這封信夾在父親遞過來的花束中，潔白如洗的百合簇擁著。那時他已 27 歲，父親等不及要看到他上台領畢業證書，於是將手錶撥快了 5 分鐘。

親愛的孩子：

沒有人告訴我你是如何一夕之間長大的。爸爸愚鈍，怎麼擠破腦袋想，也只記得我們上次去釣魚的時候，你的頭剛好可以埋進我的彎臂。而現在，你的肩膀已經和我的身高一樣高了。人總要留一些衝動給失去的事物。

你出生的時候，祖茨也剛被剷平。這是你知道的，即使屹立不搖了 200 年，還是躲不過時代的斷頭台。我看著一磚一瓦流入頭前溪，然後流入大海，心想：有什麼是不會改變的呢？你知道我比誰都愛新竹，可是現在已經逐漸不認得了，這些話，我只想對你說。如果上帝造人需要勇氣，那祂看著人造物，恐怕需要更強大的心臟。

有意識以來，爸爸就希望你當個傑出的人；可是當你鬆開我的手，去追逐自己的夢想時，我又希望你成為一個好人就好；然後，當你在遠方獨自奮鬥了一段時間以後，我又只盼望你平安就好──原來，我一直在一種逐漸『失落』的『奢求』中度過，但你要知道，僅僅當一個『好人』也是不容易的，在亂世裡『平安』更是不容易。

聖崇，我最近開始讀史賓格勒的《西方的沒落》，看他消化了整個西方的演變，得到了某些判釋，我也才算真正離開了屬於我的時代。在我以前的人，都走過戰爭，我們也許擁有自尊，但面對權力會感到謙卑；可是你們這代不一樣，你們會從我們低頭不語的面容中，找出深埋在皺紋裡的秘密；你們也會開始質疑沉迷於富庶的代價；最重

要的，你們會走得更遠、更精彩，而那時我的聲音已經沙啞，步履也不穩健了。

我記得你曾經很興奮地要和我討論《未來的衝擊》這本書，你說未來雖然是多樣化的世界，很多事情卻變得越來越單薄、扁平，細碎到反而讓人承受了巨大的壓力，而起了不想負責任的念頭──聖崇，爸爸要很誠懇地告訴你，我也和你有相同的預感，可是，請你抬頭看看夜空，星座是永恆的！我們最後會在那裡相見，那裡是我們深度的聯結，這種聯結可以打破社會上一切膚淺的規則、對抗蠻悍的刀俎，我們一代一代的性格將持續深化，適應這個浮動的未來，我們是錨準。

你知道，爸爸寫了一輩子的書法，但最近我才發現，原來墨水會暈開，其實不是墨汁的緣故，而是『人‧墨汁‧紙‧環境』四個因素的綜合，即使在自認為狀態很好的情況下，也會發生暈墨。我感到很驚奇，因為原本想專注寫出一手好字的，沒想到最後是悠遊在一種顧及所有因子的和諧。這或許和經營家族有些類似，你還記得小時候過年的情景吧？無論是誰包了紅包、誰收了紅包，紅包袋裡的數目永遠都是流動的，根據對方的情況獻上最大的祝福。我們一定不要忘記去關懷其他人實際生活的情形，顧好面子與裏子只是後話。

你已經是個堂堂正正的男孩子了，爸爸也沒有多少東西能夠再教你。如果依你日前對世界的興趣，還有你性格

中的某種純粹的氣質，我或許以一個曾經走過來的人所寫
下的些微註解贈與你……

　　13 世紀時，日本社會流傳著一本長篇小說《平家物
語》，裡頭描繪著平氏家族的興盛與衰亡，我看見了台灣
三代人命運的劇變，這本書開卷的題解，始終像鐘聲一樣
迴盪在我的腦海裡：

　　　　祇園精舍鐘聲響，
　　　　訴說世事本無常；
　　　　婆羅雙樹花失色，
　　　　盛者轉衰如滄桑。
　　　　驕奢淫逸不長久，
　　　　恰如春夜夢一場；
　　　　強梁霸道終覆滅，
　　　　好似風中塵土揚。

　　　　　　　　　　　　　　　　父 林祖仁 手諭
　　　　　　　　　　　　1975 年 5 月 31 日，於新竹平原

　　1990 年 3 月 18 日，聖崇在中正紀念堂前，參加野百合學運。當
天，參與示威靜坐的學生人數已達 4 千人，而學運領袖正在校際會
議上正式發表以下訴求：
　　1. 解散國民大會，重建一元化的國民大會制度。

2. 廢除《動員戡亂時期條款》，重建新憲法秩序。

3. 召開國是會議，全民共謀體制危機的解決。

4. 提出民主改革時間表，呼應民意的潮流。

聖崇看著這群青年，為謀求一個美好社會而如此捨命。歷史的長浪，真的一波比一波強勁啊！他拿起相機不停地拍照，整個國家正在打破 40 年來根深蒂固的邏輯，高速的思想、斷裂的鋼索、脆弱的法網——

「鳥奮力衝破蛋殼。這顆蛋是這個世界。若想出生，就得摧毀一個世界。」（赫曼・赫塞，《徬徨少年時》）

這群孩子正在醞釀嶄新的東西，很誠實的渴望。

突然間，一個似乎太過用力的拍肩動作驚醒了聖崇，他轉頭，是堂弟。

「你趕快回去，家裡好像出事了，快點。」眼裡閃現一絲恐懼。

回到家，才知道原本應該在晚餐時間踏入家門的父親，走到巷口卻突然消失了。之後的時間，像在亂箭底下度過——警察透過監聽，抓到了歹徒，聖崇鎮住心緒，飛奔到香山荒郊的一處窯磚，法官判了死刑，而父親的身影永遠停在這一天。

那時正值暖春，家鄉的苦苓盛花，父親曾說，他喜歡苦苓的雅緻，因為和家族的氣質很像。聖崇看著，想起大學畢業時父親寫給他的信，據說釋迦牟尼入涅槃，同時間，娑羅樹開花。生死相依。如今，他從這一點到那一點，像一部跳躍的天梯，抵達天空的銀河。

Chapter
8

小白球之亂

　　高爾夫球運動，人稱「貴族運動」，在台灣的發展，起源於1914年，日本人於淡水興建第一座高爾夫球場。二戰過後，1952年，在美軍顧問團與我方參謀總長的協助下，重啟淡水老球場，委由駐台美軍管理。隔年，台北球場成立，在兩次遷移後，成為全國最大規模的球場。

　　高爾夫球一直是極少數人的活動，後來，在各界人士的熱心推廣下，行政院於1981年通過《高爾夫球場管理規則》，認定高爾夫球為體育運動項目，權責從國防部改為教育部，執照得重新申請，而教育部成為訂定遊戲規則的主人。

　　1980年，高爾夫球運動蔚為風潮，與台灣經濟持續成長，有著密不可分的關係，企業界打球的人增加，而會員證交易的價格直線上揚，前景似乎一片看好。

　　然而，高球場通常位於山坡地，一旦開發對於生物棲地常造成

嚴重的破壞，有 70% 以上的樹林會被改變成草地等人為景觀。而一座有 18 個洞的球場平均超過 50 公頃，全台灣至少有 83 家，數目之大，令人咋舌。

但是隨著西元 2000 年後，國內經濟衰退，大量台商外移，造成國內球場已核准申請、但未興建完成者，又紛紛改變營業內容或撤銷。高爾夫球運動的興衰，不到 20 年就離散，時代使然，但被破壞的生態寶地，一去不返回，此間政府草率、通融等便宜行事，更是罪不可赦。

繼垃圾危機之後，1992 年爆發的高爾夫球場案更點出台灣環境問題中的金權結構。

當年的台灣高爾夫球運動非常瘋狂。直到 1993 年，全國 84 處高球場中，就有 50 多家集中在 1988 至 1991 年間核准開發。這個「眾星雲集」的休閒活動，掌握著人性中最弔詭的一點，它不是靠名利吸引人的，它是靠排除人來吸引人的——在有錢人的世界裡，越難闖關的地方，越讓人想用金錢或交際的手腕來征服。而要創造這個封閉的舞台，就等於將人民的環境權推入淵藪，許多活水源頭被剷除，加以改造成永久性的不毛之地，所幸，台灣綠色和平組織首先看見其中毀滅性的問題。

彼時，因為許多朋友投入政界，聖崇逐漸深入鎂光燈之外的縫隙。有次，和環保署長趙少康共乘電梯，空氣中瀰漫著環團越來越激烈的質疑聲浪，趙唯唯諾諾地說：「這裡頭的人，勢力龐大，要

山林被剷平成高爾夫球場，一顆顆癩痢頭上體現的是人類精緻的愚蠢、短視的眼珠。

擋下很難。」當時膨脹到多大的規模呢？舉例來說，我們可以假設
100 公頃的高球場，一張會員證可以賣出 500 萬元，以當時台灣錢、
淹腳目的狀況來說，賣出 2000 張就有 100 億；如果有 100 座高球場，
就有 1 兆——這種情形完全可能發生，而且這塊大餅裡，可說是政
治全光譜，從會員到開發商之間蜿蜒的護持關係，撲朔迷離。

　　反高爾夫球運動持續多年，時任立法委員的陳水扁辦公室團隊
無疑出力最大。過去陳水扁的研究室，可說是整個國會質詢的風暴
中心，他們人數最多，從質詢品質來看也最認真。當時因為研究室
的空間不夠（僅兩張桌子），陳水扁便移師杭州路的租屋處，日日
沙盤演練，推助社會公義的議題不遺餘力（註：當時還有一個由教
授、律師及醫生組成的「福爾摩沙基金會」捐款支持），其中的法
律高手杜文鈴，後來成為聖崇的幕後軍師，也一同奔波。當年，憑
一本《高爾夫球場法律彙編》而進入法律攻防的杜文鈴，一直和聖
崇保持著亦師亦友的關係，他精準地抓住了有限的資源與時間，策
劃一場又一場的抗爭。

　　杜文鈴笑著說道：「社運團體的資訊分析能力很重要。與目標
無關的叫做 data，與目標相關的才叫 information。我和聖崇的最佳
默契也在這裡，我是學管理的，也曾有一段時間學佛又學系統分析，
我可以將事情組織起來。通常是我這邊缺少什麼，聖崇就會衝去要，
他有人脈，背景也寬闊，跟史明其實滿像的，沒有太多後顧之憂，
又很慷慨。以比喻來說，聖崇也許忘記森林的樣貌，但記得每一棵
樹，而我是幫他監督的人。」

　　聖崇還透過民進黨新潮流人士，遊說省議員，提醒他們銀行單

位是如何「挪用」高球場會員證的「影響力」的。而他也去遊說民
進黨中央黨部的賀端蕃，以及曹啟鴻、周清玉及王世勛（省議員）
等人挺身質詢。之所以會攻向省議會，殆因省議員掌管八大行庫（如
第一銀行、合作金庫與華南銀行等等），因此，如果這些人肯努力，
就能影響高爾夫球證的「流通」，聖崇認為省議員不可以助紂為虐，
他們應該要有效監督，另外，聖崇也到立法院遊說立委，許添財、
謝長廷等人最後也有質詢教育部。

平溪、新店花園、統樂高爾夫，都是當年力阻的利益集團。而
永久性的傷害可分為濫墾、濫挖及超挖（註：又分為國有地及私有
地）這三種類型。那時候，因為一句高爾夫球「運動」，整個富可
敵國的產業之開業執照，竟交給教育部底下的「體育司」決定，現
實永遠是最諷刺的。因為行政院長下令「盡速輔導高球場合法化」，
轄下的農委會莫不積極在「違法」的事實底下另闢「合法」的途徑。

杜文鈴補充道：「我將《高爾夫球場法律彙編》仔細消化，每
天都看到晚上 12 點多，才發現現在的高球場的主管單位都在亂搞，
尤其，他們一直想要把『管理規則』改成『條例』，這絕對不能讓
他們得逞！因為以法律位階來說，條例凌駕於規則，將引發無窮後
患，但管理規則又像作文比賽，還可以『裡應外合』。

確定好狀況後，我們也將所有高球場建檔（其中合法的不到 40
家），並訂定一個目標：沒合法的一家都不能讓它上！眼下環保團
體的戰鬥力有限，既然如此，我們就來結盟。」

比如 1995 年 9 月 2 日，中時晚報朱武智記者報導，根據農委會
高空航照調查顯示，有半數以上的高球場嚴重違規超挖，其中，甚

至出現有的實際超挖面積足足比原先核准的面積多出 7 倍，大幅侵佔國有林地、宜林農地、山坡地，整張高空航照圖乍看之下，像極了「癩痢頭」。在環團鍥而不捨的「抓漏」中，終於在 1995 年爆發衝突。

　　當天由環保聯盟會長高成炎及台灣綠色和平組織的聖崇帶領，到揚昇集團的富豪名人杯比賽現場抗議，劍拔弩張之際，由一名保

左｜反金權高爾夫行動聯盟所辦的遊行隊伍中，行動劇接連演出（1995.4.29）。
右｜憤怒的民眾走到監察院抗議（1995.4.29）。

反金權高爾夫行動聯盟所辦的遊行隊伍在總統府前陳情，群情激憤（1995.4.29）。

左｜反金權高爾夫行動聯盟還以此創作歌曲，
　　改編國旗歌。
右｜聖崇與夥伴們前往內政部營建署抗議揚昇
　　集團（1996.2.8）。左一：聖崇。

控訴揚昇竊佔國有土地，
以及國有財產局局長劉金
標瀆職，報導中從左邊數
來第二位的是聖崇。

全揭開肢體衝突。揚昇是「先上車，後補票」的實例，但教育部僅以「要求縣市政府負起監督取締之責」，就驟然退居幕後，把這燙手山芋以小白球之姿拋向無人知曉的「行政黑洞」。隔年，揚昇集團的董事長許典雅，還告高成炎及聖崇毀謗：「以自然環境保護為由圍剿全台高球場的名譽」。然而，這場法律戰不只一敗塗地，還意外成了聖崇在法庭上開設「環保課」的契機，將國土安危的重要性，解說給法官聽，也補充檢察官在環境正義上的知識。

除了教育部的昏庸，還有國土財產局的失職。當「超挖國有地」已成事實，登報震驚社會，政府卻反而催促業者趕快申請「同意合併開發證明書」，企圖幫他們從「竊佔」轉為「出售」，來證明自己的清白。引一位環保人士的比喻：是否女兒讓人侵犯了，只要補送聘金，就得嫁給他了？」法律明明是道德的底線，卻淪落為盜賊的槍械。

這等「邪惡的鑰匙」，如今還散落在大大小小的環境抗爭中，沒有人知道放哪裡，卻往往有人拿去開。

臺灣臺北地方法院刑事裁定

八十四年度自字第一三五一號

自訴人　揚昇育樂事業股份有限公司　設桃園縣楊梅鎮楊昇路二五六號

代表人　許典雅　住同右

代理人　邱朝象　律師

被　告　林聖崇　男四十■歲（民國三十■年■月■日生）

身分證統一編號一〇〇〇■■■■■■號

住新竹市西大路六四〇號二樓

選任辯護人　林峰正　律師

被　告　高成炎　男四十■歲（民國■十■年■月■日生）

身分證統一編號■一〇■■■■■■■號

住台北市■■■■■■■十■巷十■號五樓之四

右列被告因誹謗案件，經自訴人提起自訴，本院裁定如左：

主　文

自訴駁回。

理　由

由■■■■■

聖崇與夥伴高成炎被揚昇集團董事長
許典雅告上法院。

臺灣臺北地方法院郵務送達公文封

受送達人	居住所或代收文件處	新竹市西大路六四〇號二樓
受送達人	姓名	林聖崇
發文地址		台北市中正區10036博愛路一三一號

先生
小姐 啟

八十四、■、一三五■

貼郵票處

85. 6. 100局（刑事）

Chapter

9

遇水則罰

「這一代的台灣人，就好似一塊腐肉之上的『蛆』，很具『生命力』地，生氣蓬勃地腐蝕這塊土地，奮力地吸食台灣最後的一滴血髓，然後羽化為蠅，飛向世界其他各陸塊，覓食著各地的奇花異卉，卻在找不到合宜下蛋的家鄉後，再度回頭……

——陳玉峯，〈旱澇觀察記——1993、1994年〉」

關於台灣水資源的問題，海陸皆沉淪。台灣島自出海平面以來，雖然經歷四大冰河期與間冰期，但整體而言，地殼隆起，在外營力的作用下，國土面積是越來越大，然而近年來，海岸線後退，有17%的國土沒於海平面之下，為什麼？

這其中牽引出大大小小的開發目的，上有非理性營林、違規濫墾、超限利用的山坡地，下有人造海埔新生地造孽，與平原地區超抽地下水而鹽化陸沉。我們曾經因為經濟發展，拔得世界頭籌，然而，當警訊頻傳，尤其在一次次災難的吞噬下，國土勢必得總檢驗，

山海必須一起談。

　　聖崇從海岸走到山林，心裡漸漸明白，所有的滿目瘡痍，並不是技術性問題，而是欠缺「客觀標準」的思考，「延誤」是共犯集團嫁接的嚆矢。

　　在高球場的追擊中，水資源的議題也逐漸浮上檯面。當時，許多社運友人轉戰國會，聖崇為了擴大聲量，又成立一個「搶救台灣水資源聯盟」充當先鋒。

　　聖崇的理論是這樣子的：通常參加政府單位的開會時，有一個頭銜，附上名片，就能發言，因為他們規定一個組織只能由代表人發言，而且限制時間，所以，當一個龐大的立論需要被好好陳述時，就很難由同一個人完成。既然如此，我們可以改變自己，化成多個分身，以接力的方式傳達思想。聖崇加入台灣綠色和平組織之後，就常去台大、輔大的保育社演講，傳授年輕學子們這些技巧。

　　話回水資源的崩潰。事件的導火線起源於 1993 年的高雄昭明抽水站。有天，聖崇公司底下的業務著急地向他稟告：「副總啊！林園工業區要出事啦！發生鹽化啦！要吊鼎（停工）啦！」聖崇趕緊透過立法院的轉介，找來自來水公司、水利司及中油三輕、四輕公用廠廠長曹明開協調會：到底發生了什麼事？

　　一整理三方的陳述，才知道台灣水資源正面臨荒謬的困境。當時自來水公司只負責供水，所擬定的水質，在民生方面不成問題（例如導電度），因為民生、農業用水的彈性比較大；但若放在工廠身上，

昭明抽水站（1993.5.5，林聖崇 攝）。

如中鋼、中美和、三輕、台塑，則會讓機器收束死亡，面臨關廠的命運，因為工廠需要非常穩定的水質。大家並不清楚水質的重要性，水利司、環保署也搖頭晃腦而已，但是，地下水鹽化加速了這個不可逆的嚴重問題。

羅馬不是一天造成的。事實上，早在 3 年前，聖崇就看見端倪，而且此後，他始終堅持超抽地下水將會造成巨大災難，這個信念，就像樹根一樣牢牢地捍衛在懸崖邊上，盼望政府可以懸崖勒馬。

1989 年，永豐餘工業用紙股份有限公司欲在桃園新屋設廠，他們是聖崇的客戶之一。照理說，開始生產後，負責水處理的人就必須加入藥品，但聖崇卻遲遲等不到叫貨。一問之下才知道，原來開工那天，馬達一抽水，附近的居民就旋即停水了。大家不知所措，已經投資數百億的廠區也不可能立即停工，於是，只好請消防車把

永豐餘紙廠自1989年10月開工試車以來，大量抽取地下水，導致原以地下水為家庭用水的居民無水可用。此圖是缺水危機發生後，永豐餘公司「免費」供應貯水桶給居民，居民只能靠補水的方式生活。聖崇到現場查看，當下在筆記裡寫上：「水是公共財，工廠大量抽水將影響台灣永續生存。」（1990年9月19日下午，桃園新屋永安村，林聖崇 攝）

工廠的已抽出的水再取一些，以大塑膠桶裝水緊急供應給居民，挨家挨戶配水過去，彷彿回到戰時體制的資源緊縮。後來，直到自來水公司另外埋管，從石門水庫引水過來，整個事件才算告一段落。

　　古老年代，一口上百年的井，即使供養一整個村莊，也是不會枯竭的，只要好好使用，順應季節的補充，一切依然生機盎然；然而，當我們把地下水的「水權」擴大到工業用水時，就大有問題了。

比方說，我們已知，每人每日的平均使用量約為 330 公升，根據各行各業可能的用水量，我們可以依人口數及就業概況估計出來總體用水量，通常不致於超限使用；但一家紙廠的用水量，單日規模，可能是上述全部的 3 至 5 倍，日以繼夜地侵蝕，寅吃卯糧。我們可以斬釘截鐵地說，引述聖崇 5 年後在全國水利會議上苦口婆心的勸言：「你們再不嚴陣以待，這裡很快會變成地下水管制區！」果然，後續桃園縣就發布大園、觀音、蘆竹、新屋為地下水管制區。

從政府到民間，聖崇總是擔心台灣的缺水危機，心繫人家的「瓦上霜」，事實上，也反映出個人自掃門前雪的普遍現象。同樣關懷環境的老友前國大代表鍾淑姬補充道：

「台灣人不配有像林聖崇那麼好的環境工作者。台灣人不知道感恩，而且台灣人太聰明，覺得什麼事情自己處理好就好，不用那麼麻煩。

很少人去思考我們究竟失去了多少。

就一杯水好了，我們總是想說，有濾水器就乾淨了。現在電視的廣告，你會發現，像電視、冰箱這類的東西，已經漸漸沒有廣告了，卻還有濾水器、空氣清淨機的廣告，為什麼？因為你不相信水是乾淨的，你認為空氣是髒的，消費行為反應著人的心理，事實上也是如此。可是，我們來看看政府的『志氣』，《飲用水管理條例》規定，政府提供的水是要乾淨的。這不是很弔詭嗎？

台灣自視為已開發國家，但為何水不能生飲？落後國家才這樣，但我們都不問這件事，想說沒關係，我就買瓶裝水喝啊！可是，你知道瓶裝水有多貴嗎？你知道自己多花了多少錢嗎？我算給你聽：

目前 1,000 公升 =1 度 =10 元，換算下來，1 公升 =0.01 元，若 1 公升的瓶裝水算你 30 元就好，你想想看，從 0.01 元到 30 元，3,000 倍耶，消費者虧慘了！一堆人還覺得自己很聰明，沒關係，就這點錢！台灣人都沒有在計較的啦！

自來水、地下水、地表水，光是水就搞不完了，聖崇以前都氣得噗噗跳，整體的無奈，我們都一起討論啊。管水量的是水利署，管水質的是環保署，管水庫的是營建署，管健康的是衛生署，通通都不一樣，通通不負責，踢過來踢過去，還要加上監察院，弄成一團，只是水的問題而已喔！還有像空氣、廢棄物、毒性化學物質、核廢料等等問題，明明環環相扣，還是各管各的。」淑姬憤慨，點出了聖崇內心，形同「國安危機」的憂慮。

如果我們腦力激盪一下，將水資源的議題投入更大的結構中，回到更早以前的蛛絲馬跡，我們恐怕難以相信自己是如何活過來的。

聖崇說起一個令他印象深刻的例子。1980 年代後勁反五輕的時候，一個來自五輕的資深員工說：「有一年冬天，我們怕居民抗議，就偷偷將排放汙水的管線移到海邊，結果還是遭到農民抗議。我們覺得很奇怪，詢問之下才知道他們抗議的是：『怎麼沒有水？』」也就是說，一直以來，當冬季來臨（枯水期）時，居民不是沒水可用，就是只能引到受汙染的水，「歹歹仔吃也好」，否則就要餓肚子了！

這個現象，直指台灣西南半壁自古以來，就是乾溼分明的疏林景觀，位處北回歸線的沙漠地帶，多虧季風及海島條件才有豐沛水源。而夏季的暴雨可供全年甚至更多，冬季則頻常見到河床的石頭露出，舉例來說，曾文水庫附近，在 1911 年 8 月 31 日至 9 月 6 日期間，

「單次暴雨量」總共就下了 2,623 公釐，相當於非洲草原區下了 25
年以上的總降雨量。本身氣候條件已經相當嚴峻，而高耗水產業還
堅持盤踞，釀成不少荒誕的悲劇。而近年頻繁的缺水，拉高了警訊，
如 2020 年的水情告急，農委會公告隔年嘉南一期稻休耕 1.9 萬公頃
（曾文水庫、烏山頭水庫及白河水庫的灌溉區），重重打擊農業，
因為一期稻是農民主要的收入來源；根據氣象局的資料，平均每年
會有 3.5 個颱風登陸，但 2020 年是自 1964 年以來，首次 10 月底以
前皆無颱風。農委會可以用停灌補償的方式協助農民渡過，可是這
個現象的背後，是一場無法再恣意揮霍的賭局。

　　尤有甚者，影響水資源的還有一項大機關，即水庫的闢建。

　　聖崇在 1997 年曾經參與過水庫的環評，即嘉義瑞峰水庫。

不斷沙漠化的西南半壁。沒有危機意識的話，缺水的問題將越來越頻繁。

　　事實上，瑞峰水庫，包含現今的湖山水庫，早在規劃雲林離島工業區時即已提出，建造水庫的目的，是為了提供工業用水。早在1994年，《雲林離島工業區水源開發可行性規劃瑞峰水庫環境說明書計畫環境影響評估第一期工作環境說明書》就通過初審。後來，進入二階環評時，還提高了工業區的用水量，從每日86萬噸變成118.9萬噸。而瑞峰水庫建設計畫的荒謬之處在於，此水庫距離梅山斷層僅11公里，而且本世紀發生於壩址50公里半徑範圍內五級以上的地震，就高達200次，規模6級以上有25次；鄰近的草嶺潭，日本時代更是多次潰堤，居民死傷慘重。

　　對於瑞峰水庫環評案，聖崇猶記得，水利署的人只輕描淡寫地說：「食蟹獴會乖乖地自己跑去同質區。」這和2010年國光石化案中，副總統吳敦義輕佻地說：「白海豚會轉彎。」是同樣的「何不食肉糜？」[*]！

　　聖崇指出，那次的環評報告是他所知道的案件中，第一次在生態的部分直接寫出動物的名字，顯示極需重視，然而，開發單位竟只草草註記「開工前先實施人工驅離」，然後就定稿了。那一天，有人提早離席，有人領了出席費就敷衍了事（當時的出席費2,000元，事實上，以環評委員的職責來說，這筆報酬似乎顯得低廉）。聖崇說道：「環評委員有沒有認真是天差地別，專不專業的程度也是，我可以寫，但是你不一定會看啊，何況民眾根本看不懂，那這是在做什麼？！公佈了卻沒有人看懂，人微言輕。」

---

[*]　「何不食肉糜？」是出自西晉晉惠帝的故事。有一年，朝臣告訴他稻穀歉收，天下百姓無食物可吃，許多人活活餓死。晉惠帝竟回答：「沒有米吃，怎麼不吃肉（粥）呢？」

以前進行環評大會的時候，環團的發言是不會列入記錄的，但委員及學者專家所提出的疑問，會一併列入考慮，然後改進。在這個節骨眼上，環委的沉默、不夠積極或忽略實際情形，都算失職。

1997 年，當時瑞峰水庫的地方說明會辦在嘉義梅山鄉的山上，聖崇凌晨 3、4 點就開車從台北出發，提早到後，在附近古色古香的老茨繞繞，才上前開會。一進門，他才曉得，沒有一個環評委員赴會！原來，環委是用紙本審查的！這會造成多大的誤判啊！紙本敘述跟實地勘察的差異有多大呢？想像一下，一座山的生態，能夠僅以山腹中某個 10×10 公尺土地面積的調查結果來概括嗎？根本是顛倒是非！

到了環評大會，聖崇特別找了立委蘇煥智前去，他與在地人謝嘉彰一起炮轟。而當聖崇正要發言時，主席倪世標卻制止聖崇，說道：「你已經在初審時講過話了。」

聖崇一聽大怒，站起來喝斥：「你們 20 個環評委員，誰去過那裡？我去的時候，你們沒半個人到現場看過，勘查環境，憑什麼不讓我說話？是向天借膽嗎？我學歷是低，但我有本事說話！你們來辯啊！來啊！」

底下一群人危襟正坐，頭卻抬不起來。

然而，最後環保署還是強行通過，不久後 921 地震，壩址受到嚴重損毀，政府才放棄瑞峰水庫案，大自然是永遠的裁判。聖崇說道：「瑞峰水庫消失了，因為本身是離槽水庫，清水溪上游的生毛樹坑溪斷了，921 地震毀掉很多事情。」

於是後來，原本第二順位的湖山水庫被迫上斷頭台。那是在倉

促之下所做的決定，然而，湖山水庫的危機更是明顯，草嶺潭 1 億
2 千萬立方公噸的土石，一旦流經桶頭堰那狹窄的咽喉，長久下來，
將會造成嚴重的淤積問題。聖崇感嘆道：

　　「假使水庫真的是必要之惡，你也應該等草嶺潭的土沙流光後
再設桶頭堰嘛！ 1951 年，草嶺崩塌，官兵死了很多個。我是反對湖
山水庫的，2005 年陳清圳帶我去看，土質鬆軟，幾乎是不祥的前兆
了。後來，他帶我去找雲林縣副縣長林源泉，連同記者林倖妃，到

圖為德基水庫惡化，泥沙淤積率超過 40%。工業缺水、缺電，就大肆開發水庫，但水庫的集水
區却大肆剷除原始林，發展農業、商業及旅遊，山地開發無遠弗屆。

現地去看，也坐下來談。」

　　水利署力促水庫開發的時候，總是宣稱是為了供應民生用水，工業用水只是次等考量。可是，只消計算一下就會知道，湖山水庫加集集攔河堰每年的供水量為 2 億 5,331 萬噸，但民生用水在不抽地下水的情況下，一年總共也只需要 1,200 萬噸，民生用水佔不到 5%，可想而知，其餘的水都跑到六輕了。

　　經過昭明抽水站的廢除、瑞峰水庫的盲目、湖山水庫的蠻幹，聖崇終於將本質性的問題串連起來。

　　1992 年，謝長廷在新文化工作隊提出一個口號，所謂四大優先，「台灣優先、文化優先、環境優先、弱勢優先」，這句話，或許在推陳出新的政治場合中，或許已經被送進墳墓了，但聖崇卻把它撿起來，貼在胸口明志。

　　當一個國家決定以哪個層面優先的時候，就已經決定了一個國家的命運。而我們如何考慮，就端看國內擁有的資源條件。總量管制（Total Quantity Control）是最基本的原則，以台灣這個自然資源匱乏卻積極開發的國度而言，當有人喊出「養蝦王國」、「造船王國」、「水果王國」、「半導體王國」等等遠景的時候，就非常弔詭了（還有很多坊間流傳的「王國」尚未羅列），這些國度最後變成「亡國」，是可想而知的。

　　這種打造「帝國」的思維，自古以來只有兩種狀況可能，一種是大陸型國家，如美國、加拿大、中國等，本身就擁有多元且巨量的自然資源，舉例來說，歐洲人來到加拿大後，打了三代的鹿，鹿的數量還是很多，因為人口稀少，地大物博，對他們而言，他們和

原住民並無二致，觀念也是一樣的：取之不盡、用之不竭。另一種則是帝國主義式的掠奪，如日本時代的「農業台灣、工業日本」，以及英國在工業革命時期，壓榨殖民地以獲得大量財富。而台灣從來就不是這兩種類型，何況我們連綠色海洋的精華都已經榨得一滴不剩，實在沒有餘裕去支持高耗能產業（連同高汙染、高耗水）。

　　而聖崇心心念念的「騰籠換鳥」，事實上就是一個解套方式。類似於物競天擇：我們應該要因應環境，留下有競爭力的產業。試想，如果各行各業一起減少供水，合理嗎？《水利法》已經規定，民生用水為第一優先，其次是農業用水。然而，我們看看今年（2020）就好，大旱來臨，農田休耕，工業卻繼續用水，即使減少供水，我們在氣候劇變的未來，能這樣「榨水」到何年何月？

Chapter

10

葫蘆裡的運籌

　　1994 年，聖崇接任民進黨新竹市黨部主委，開啟另一段理解人治的奇妙旅程。

　　當時加入民進黨的人，著實不簡單。只是聖崇加入之前，新竹市黨部的名聲不太好，被戲稱「一群沒有文化的人」，吃檳榔、穿拖鞋，「剉（tshò）幹譙」，還沒有民主意識，只是「打倒國民黨」，與國民黨「打倒萬惡共匪」沒有兩樣。曾任副執行長的鍾淑姬女士回憶道：「我是 1992 年加入的。這些『狗仗人勢』的人不是草根，是草莽。比方說，柯建銘選上立委的時候，就有人說要當副執行長，他帶著印好的名片跑紅白帖，也沒抗爭，就排解糾紛，比如說車禍，那個副執行長還做起生意，買茶葉跑到警察局……」

　　為了讓黨的形象不再惡化，柯氏等人決議找「專業人士」整頓風氣，如藥師、律師、老師、建築師等等，聖崇也屬「專家」，於是，就在那時被推薦為主委。

　　雖然民進黨當時是台灣第二大黨，組織的資源還是常常必須自行籌措，如身為主委，每個月就必須繳交 1 萬 5 千元，底下的委員，必須繳 3 千元，其餘的才靠捐款支持。1994 年，省長及省議員選舉的時候，為了能成功推出候選人，聖崇及其友人柯建銘，各自支付大筆經費，贊助選務工作，用心經營，就是為了將政治能量擴張出去，以「蕃薯毋驚落塗爛，只求枝葉代代湠」的精神，而柯建銘的政壇風雲如今是有目共睹的，一雙看不見的手斡旋在同極世界裡悄悄流通的其他分子。惡魔梅菲斯特說得好：「常欲為惡的能力，也是常欲為善的能力。」

　　聖崇接任主委時，除了常常跑立法院觀摩運作，也持續深耕故鄉的泥土。他們第一場戰役就是「搶救新竹火車站」運動，夥同新竹文化協會的林志成建築師及老朋友鍾淑姬等人，發起保護古蹟及討論城市容積率轉移等問題。這次活動結合藝文表演大振士氣，辦

左｜加入民進黨新竹市黨部的聖崇。圖為 1996 年總統大選前，台北縣長尤清（右一）來新竹拜
　　會，懇請支持。
右｜民進黨主席施明德（左一）來新竹時，和聖崇（右一）及柯建銘（右二）帶他去見新竹縣長
　　范振宗。

圖說：1994 年，省長及省議員同時選舉，時任新竹市黨部主委的聖崇，不只要在地方選區用心，也替政治家的典範陳定南全力輔選。

出了前所未有的豐富度與視野，甚至鼓舞了其他縣市起而效尤，投入搶救自家的火車站。

　　我們可以想像西方的文藝復興時代是如何照亮中世紀的閉塞與腐敗。那些覺醒的行動，激起人們展現、思考「人」的價值。而這些行動的內容，就是搜羅、鑽研古典時代留下來的智慧。這些經典，曾經差點遭異己焚毀，又長年散落在幽暗的圖書室，唯一不變的是，思想永遠澄澈閃耀。環境保護、古蹟保護也是如此，儘管歷經無情的摧殘，地靈永遠蓬勃地展現生機，而世界上最大的謊言是我們認為自己無能為力。聖崇宛如在地下室努力翻譯經文的僧侶，以阿拉伯文翻譯優美、雋永的拉丁文；或說聖崇是在激進的基督徒即將攻陷羅馬帝國圖書館之時，那些奔波的學者、青年，努力將寶藏移至安全之地。

　　另外，還有台灣第一起搶救古蹟成功的案例，也在新竹發生。那一次，是聖崇的亦師亦友杜文鉁在幕後主導、策劃的抗爭：搶救

新竹火車站保存了百年來的風華（林志成 提供）。

搶救新竹火車站運動中所辦的繪畫競賽，小朋友們細細品味了古蹟的一磚一瓦（林志成 提供）。

在活動攤位前努力講解、宣傳保護理念的聖崇，爽朗的大男孩微笑中沒有一絲倦意（林志成 提供）。

新竹火車站前舉行盛大的藝文表演（林志成 提供）。

左｜聖崇在街頭解說新竹火車站的美（林志成 提供）。
右｜聖崇（右二）與朋友們（右一為彭明輝教授）合影（林志成 提供）。

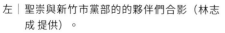

左｜聖崇與新竹市黨部的的夥伴們合影（林志
　　成 提供）。
右｜這場文化盛宴，林志成建築師厥功甚偉，
　　圖為搶救新竹火車站運動宣傳海報（鍾淑
　　姬 提供）。

辛志平校長公館。

　　辛志平，是戰後來台的教育家，在新竹中學擔任校長，以五育
並重的理念使得新竹中學的校風強健，學生個個素養極高，蔚為美
談。據說，二二八事件時，本省人與外省人爆發衝突，新竹中學的
學生們保護著這位老校長與老師們，後來，當本土台灣人開始出事
情、一個個被抓時，換校長保護他們。

　　半世紀過去，辛志平老校長的故居即將被蔡仁堅所領導的新竹
市政府拆毀，改建成立體停車場，如今，只剩下 3 天。

　　彼時，清大兩個研究生找到了杜文鈴，作為新竹中學的校友，
他義不容辭。這是一場「閃電戰」，每一發子彈都必須精準到位。
首先，透過地政資料，確認有一筆同是新竹中學校友的土地不願意

被徵收，緊接著，了解工程單位（承包商）的背景，然後聯絡媒體記者，全部都在同一天內辦妥。

那時，杜氏巧妙地迫使新竹中學表態，在校中舉辦記者會抨擊市府的「短視」，呼籲校友一齊來守護，杜文鈴說道：「我對蔡仁堅的個性很了解，他號稱自己是文化青年，既然以文化化妝，那我們要給他文化『卸妝』。」杜氏與學生們還說服了審查委員會的每個委員，其中一個聽完後大罵：「新竹市政府騙我，明明離公館不到 50 公尺處就有個東大路平車場，怎麼還去搞這個小的？全台灣的都市計畫沒看過這種東西！」

後來還打了行政訴訟，蔡氏始終不願意放棄。此時，聖崇就協力幫忙，顯露出他的能耐了，他安排杜文鈴和立委見面，也拜託當時的交通部長葉菊蘭擋掉了預算。萬事俱備後，一次一次的圍堵行動中，最後，終於讓古蹟審查會以辛校長的教育貢獻與歷史建築的價值，指定辛公館主體建築為古蹟，並劃定周遭區域為古蹟保留區。

這場搶救行動，只是聖崇與杜文鈴無數個合作戰役中的其中一頁，而聖崇做這些事，從來不是想搞什麼名堂。當他拿起知識的火炬照亮土地的時候，他儼如神話中的普羅米修斯。普羅米修斯的名字原意為「先見之明」，祂關心困苦的人們，教導他們知識、提供他們技術來創造新事物，甚至，還為他們從天神宙斯那裡，奪取一切文明的始源：火種──聖崇體現的深謀遠慮，就是這個神祇從人的投射中寄託的「超越」的欲望。

這種熱切的心情，非物質之爭而是價值之戰，意志的較量是以人的一生為單位的，結果即死亡，沒有考慮報償的可能。所以，聖

崇服務社會，向來是「享受其中」而已，無論「捐」出多少時間、金錢都不會有遺憾，他說：「你如果要幫助別人時想一次『回報』，看到結果後又想一次，那你不就失望兩次了嗎？這是多餘的痛苦啊！」這樣快樂的思維，事實上和道德的高尚無關，純粹享受的善念才是真正的自由，也有無窮的能量。就如同某次，在柯建銘立委辦公室內，所有人莫不訝異平時好鬥的「衝組仔」林聖崇，怎麼板著一張臉，無力地攤在沙發上，一問之下聖崇才說：「沒有抗爭，我不爽啦！」

更進一步來說，從事社會運動的他宛若一顆滾石，途中的障礙幾乎磨光了自身的鋒芒，卻依然奮不顧身地滾動，身上沒有厚重的苔衣累贅，沒有時間糜爛，它 24 小時都在搏鬥。聖崇歸納，這或許是 NGO 團體之所以能打敗政府決策的因素之一，因為在公職體系中，只有上班時間履行對策，即使平均學歷高，沒有恆常的奮鬥也是無法抵擋社運人士的思考的。

聖崇身為黨部主委，必須廣納人才，延伸議題觸角。彼時民進黨內草根較多，他就延攬教授、博士等，過去這些人通常只會在象牙塔中建言，迴避政治，但聖崇知道，這個世界並不是「政治歸政治，學術歸學術」，所幸，有些漢子衝破了這層藩籬，看見生活的真實面貌，於是聖崇就積極邀請他們加入。聖崇會在討論中，盡量讓大家達到共識。他會先將話語權打向球場中央，任人以習慣的姿勢回擊，過了一段時間，所有人就會發現某些刁鑽的路徑，缺乏現實的考量，而不再堅持；此時，聖崇會再現身提醒，但提醒也是有技巧的，他總是先提出認同的部分，再佐以其他意見，很像擺盤，

你自然會明白哪一道是主菜。聖崇照顧到思考者的用心，也適時給予風向指標。

　　從事運動的時候，聖崇也會從他們的眼睛觀察到自我的鏡像。當時在新竹發生了一起抗爭事件，是關於一條由南往北，輸送到大潭火力發電廠的地下液態天然氣管，那條管線，在埋管的過程中，經過竹科，企圖穿越柯子湖溪。

　　台灣的天然氣都是從國外進口，由高雄永安液化天然氣接收站（第一座）及中部的台中液化天然氣接收站來統籌。日本時代的能源使用中，已經有苗栗的地下天然瓦斯，以及煤氣，而現今台灣使用氣體燃料，則是中油以丙烷及丁烷製造的液化石油氣，當家家戶戶使用時，再從液體變氣體。

　　眼下的困難是，雖然是埋在河床下，卻不是原來設計圖的規劃。就在施工的時候，住在附近的科技新貴及教授驚覺不妙，於是聯合十分關懷鄉土的金山面米店長吳慶杰先生一起發動抗爭。

　　像一隻鬼被派到鬧鬼的房子，河川局、環保局及中油這些「不怕死」的人都來了，一下鬧哄哄了起來。聖崇持著《環境影響評估法》等金科玉律質問：「改路線要做什麼評估？誰核准？可以由業者自行畫圖嗎？！」溪水照樣流，工程照樣跑，環保局長倒也「誠實」，笑呵呵地說：「當然不行，要做環差啊！」原來，這一群人顛覆了「理直氣壯」的典型。當原本應該在法治社會中，以彼此的職權互相制衡的人，轉為便宜行事的傭兵時，「理」竟然必須以「否定」的方式「得證」，簡直荒謬無比。

　　後來，開啟環差的評估之前，聖崇與同為正義人士的高清波，

台灣電廠及電網分佈圖，聖崇曾去台電推銷公司的藥品（處理電廠中的冷卻水塔及鍋爐水），
以及許許多多在工廠裡面的電廠。（圖片來源：台電官網，網址：https://www.taipower.com.
tw/tc/page.aspx?mid=37）

在里民所和在地人商討對策。高清波也是台灣環境運動史上堅貞不渝的戰將之一，他的一生幾乎奉獻給新竹，從反李長榮化工到後來的水源社區發展規劃、反新竹焚化爐等反公害事件，投入甚深；他幽默風趣，笑看濁世，開闊的胸襟是許多人的典範。就在這時，聖崇突然聽見在人群中穿得趴哩啪哩的科技新貴說：「我們是有頭有臉的人，還要上班，走在街頭的事，當然由你們環團處理啊！」高清波用手揩了揩褲管，嘴角微微垂降，突然跳到椅子上破口大罵：「你囂張啊！我們憑什麼替你們抗爭？你們都不顧自己的家園了！這個社會竟然是這樣，『我們家有垃圾，不是打電話給環保局，是打給環保團體』！」高氏行事俠骨，但就事論事、絕不退讓，聖崇則是動之以情，勸他們至少要達到基本的出席人數，抗爭的正當性才能維持住。然而，到了環差審查當天，五個場次所審查的五大項目中，前四場還是沒有居民來，而最後一場聖崇有去，抓住環委的休息時間，好好解釋事情的來龍去脈，才終於擋了下來。

　　「走棋的步法愈紛亂多樣，就愈可能導致失誤，也因此玩西洋棋會贏的人，十個人中有九個人是贏在心智的專注力而非心智的敏銳力。」（愛倫坡，〈莫爾格街兇殺案〉）環境運動好比佈局，應對每個人不同的心思及目的，而非單純陣營的選擇；每一隻棋的前後狀況往往風馬牛不相及，可是我們若用心，挫敗的機率就會越小，也就是說，聖崇走上這盤玩家眾多的棋局，重點或許不是每一步下得是否正確，而是整體觀察的「品質」好不好，每一次開會議論，都是「質」的鍛造。

Chapter
11

離岸的事實

　　與公部門開會過的人可能知道，在會議室裡，得到新奇想法的機會不高。你可以看到真知灼見被唾如敝屣，也可以看到不少愚蠢的意見起死回生。情緒，彷彿是一隻巨靈的手，掌握土地、城市等生機；相對的，深層的考慮，就被逼退至烏托邦的格局，所著眼的應許，不是抽象的自由，而是以具體的方法使自己免於被其他特權剝削的自由。此等渴望一脈相傳，在義士的熱血中沸騰著。

　　聖崇就是在這灰色的斗室裡，看著許多「心裡有數」的人魚貫而入，他們的計畫年深日久，從他們呼出的空氣裡可以感受到不單純的熟悉。那是 1993 年六輕環境影響評估的會議，地點在台北火車站的五樓，出席的政府人員、業者及學者專家的陣勢頗大，環保團體則唯獨以台灣綠色和平組織會長身份出席的聖崇。

　　台塑引頸期盼，終於在雲林離島工業區看見勝利的旗幟，只要一進駐，台灣最長、一路從玉山滾滾流瀉的濁水溪，從此與台塑的

聖崇在宣傳車上大聲疾呼六輕帶來的生態危害。

盈利糾纏不清。

　　事實上，六輕是聖崇所屬公司的客戶，技術面的需求是瞞不過他的。最早六輕選址在宜蘭，1988 年被陳定南縣長帶領宜蘭人民驅離後，同年，原本打算落腳在桃園觀音，卻再一次遭到居民反對，即使已經通過環境影響評估，卻還是因為用地問題（土地價格過高、工業港無法私有化）而幾近停擺。然而，真正的原因聖崇是知道的，其實是水資源不足才導致觀音案無法促成。1990 年，台塑表明要「根留台灣」，意圖重返宜蘭利澤建廠。時任六輕工程師在設計工廠時的顧問——培芝公司，得知對方又重新肖想宜蘭的冬山河時，聖崇一個回首，趕緊向已變成立委的陳定南通風報信；看到陳氏準備親征，台塑這下才摸摸鼻子，真正打消念頭。最後，雲林縣麥寮鄉中選，以鑼鼓喧天的天真，將自己的血肉丟給那隻惡狼。

　　當時，離島工業區規劃成 4 塊：麥寮（最北，本來要建造蓄水池）、台西、新興、四湖，而台塑將前兩塊吃下，因為後面的新興要填海造陸有點難度。根據擴大建廠前的評估，其所載的氮氧化物、硫氧化物之汙染量，已佔全區的 49%，接近環境品質標準的邊緣。

而在用水的問題上，原本六輕欲建設蓄水湖（水庫），設在距出海口 1 至 2 公里的地方，打造距海平面 8 公尺的堤防（大蓄水池，取砂方便），將海水攔截；但是，考量到剛建廠所需約 2 萬噸的水怎麼來的問題則作罷[*]，後來，才選擇建造今日的「集集攔河堰」來解決供水問題。無奈的是，這個位於濁水溪咽喉的龐然大物，幾乎像註定失敗的氣切手術，不可逆地，為下游地區埋下沙漠化及地層下陷的遠因，而且，因為河水的砂石被攔在上游，外傘頂洲也縮小得很厲害，向南流動的洋流所帶的沙，則被困在麥寮的離島工業區。

農民種出了糧食，卻沒有坐在餐桌上的權利；一介凡夫留下的惡舉，卻活得遠比制度長——這或許點出了這場遊戲根深蒂固的不公平。當天，雲林縣長廖泉裕急切地說：

「雲林縣漁塭養殖，抽取地下水造成地層下陷每年 40 公分，工業區設置可減少地下水抽取，挽救地層下陷。」

對照 25 年後的地貌及困境，這句妄想恐怕連天地也震怒。然而這句託辭，只是假意周旋的其中一個碎片而已。

聖崇獨排眾議，他發現整個產業設立的目標早已脫離現實。首先，依據 1993 年 1 月 3 日《經濟日報》記者於念鑒的報導，石化三次加工業已外移 6 千家以上，而石化產品中聚苯乙烯、丙烯腈、丁二烯、苯乙烯共聚物均有 90% 外銷至香港、中國大陸，PVC、PE 則有 50% 出口至中國及東南亞。若依產業關聯度評估，產業西進的情況下，上游的工作機會已飽和，下游更不可能達到開發單位聲稱的

---

[*] 原本預計從濁水溪抽伏流水而上，但是，後來考慮到鹽化作用等不良影響而停止這項計畫。鹽化的原因乃伏流水抽光後，河床會降低，海水倒灌，造成海岸線後退，良田成鹽田，無法耕作。

「創造十萬就業機會之下游產業」，確實的謊言擺在眼前。果然，2002 年，台灣加入 WTO 之後，台灣仍持續以低利潤提供 PP、PE 粒子，卻留下萬劫不復的汙染。

「根留台灣」這句溢美之詞，充分表現出帝國主義式的霸道，以為自己的手能夠接管自然的天職，對一塊土地予取予求；以為自己狼吞虎嚥的樣子，就是天降福澤，你們這些活在其中的人只是「寵幸」。

聖崇犀利地看出整個開發計畫將帶來巨大浩劫。他對石化產業的觀察可不是半路橫出的評論，而是數十年觀察的結果。早在高雄工作時，聖崇就定期閱覽《石化通訊》，補充全球產業趨勢。他發現到，台灣的技術絕對是名列前茅的，但以世界市場來看，我們已經沒有競爭力了。而關於這個揭穿數字面紗的觀點，必須結合以下兩起事件。

在六輕強勢進駐後，聖崇就開始反七輕。當時公司的老闆傳來口信：「聖崇啊！你不要整天顧著反對，即使要反對，也要先拿到生意啊！」聖崇一聽，大呼：「等拿到生意就來不及了啦！」而後燁隆鋼鐵的副總黃海泳也傳來警告：「你們副總（林聖崇）在環評大會上一直反對，你們還想討什麼生意？」在個人事業上，這雙箭夾擊，或許正可說明他的角色在環境運動史上的不朽之處。此時，唐吉軻德的「愚行」，就以他始終遵循的正義原則，全部集中起來，慷慷陳詞永生的意義。

他義無反顧地說：「燁隆鋼鐵（七輕）其實應該要感謝環保團體。請你試想看看，如果真的要打造七輕那樣大的產業，光靠南化水庫及曾文水庫的水量肯定是不行的，美濃水庫勢必要做。但是，一旦

遇到八八風災那種等級的颱風，以美濃水庫地質鬆軟的情形，一定會崩潰，接著整個產業也會完蛋。這些產業的生命依賴著水，沒有其他解套方式。而台灣在森林資源殘破、且西南半壁沙漠化的情況下，無水可用的風險，幾乎和秋風吹落夏季殘留的最後一片葉子那樣容易，而且無法阻擋。」

七輕，也就是濱南工業區，原本是由東帝士及燁隆兩大財團提出的計畫，企圖在台南七股潟湖地區闢建石化煉油廠、大煉鋼廠與工業港，於 1993 年政府著手審查。當時立法委員蘇煥智發起抗爭反制，並逐步串連環保團體，不斷舉辦反濱南說明會、公聽會，以及生態旅遊等活動，甚至拍紀錄片及研討會，闡述該地被刻意忽略的深刻價值。經過一次次的進攻，不畏財團打手的卑鄙手段，終於由劣勢逆轉反勝。汙染的層面不說，光是無視水資源匱乏的現實就非常令人質疑了，不只影響到農業及民生用水的配額，極高的缺水率也讓運轉的可行性畫上問號。當時結合反金權及愛護鄉土的口號，及至 2005 年《京都計畫議定書》生效的國際形勢，終於讓這個計畫胎死腹中。

以上，是顯於表象的原因，然而，在業主本身的計算中，還有一個緩慢摧毀產業生機的隱疾。

若我們將眼光加速幾年，會發現在國光石化的案例中，同樣是以保護自然生態——保護中華白海豚族群及大城芳苑溼地——為口號之一的運動，卻在最後以滑稽的方式結束：2011 年放棄投資，原定轉移到馬來西亞設廠，最後因為美國成功開發頁岩氣而作罷。

聖崇說道：「他們跑去馬來西亞，最後又回去吃自己，損失 1、20 億（中油佔投資總額一半）。最直接的原因就是頁岩氣的成本低

於國光石化的輕油裂解（naphtha cracking）技術約 30％至 50％，不符成本。而且目前台塑廠之所以賺錢，是因為依靠美國的投資。」換句話說，若不是環保團體頑強抵抗，國光石化也很有可能在 5 年內面臨虧損，屆時，恐怕國家，甚至連當地居民，都得共同承擔這一籮筐的爛帳，遑論大自然已被大卸八塊。

　　若我們將上述兩件案例的攻防，轉以較具動態感的演繹，放到大歷史的進程中，就可以發現類似的情形：為什麼這種千人一腦的行事風格，總是與煞車失靈劃上等號。

　　在隆冬將至的深夜，拿破崙及希特勒如何渴望帝國的最後一塊拼圖——俄羅斯首都莫斯科的呢？他們因為焦急、一味渴求的雄圖大略，而不顧形勢險峻、敵暗我明、軍隊長途跋涉等不利因素，執意不惜代價進攻，終於導致帝國本身的覆滅。他們一開始看起來很強大，信心滿滿，可是逐漸的，西伯利亞平原的嚴寒來臨，道路泥濘難行，沼澤遍佈，廣漠、彷彿永無止盡的黑暗大陸橫立在眼前，與俄軍的消耗戰帶來了絕望，任何賭注變得毫無意義。在高汙染、高耗能、高耗水的產業裡，也面臨一樣的寒冬末路，任何豐饒的沃土都將淪為冰冷機械底下危顫顫的死寂，毫無生機的景象也一如嚴寒時節的光景，如果政府貿然成為這顆指導棋，必定帶來無盡的痛苦。我們從這些事件中，不應只聚焦在環境的勝利，而是進一步理解這個巨大的機器的齒輪到底出了什麼問題，以及我們如何迎接它的死亡。

　　事實上，從民間到中央，甚至是業主本身，都尚未注意到整個世界市場正進入史無前例的動盪中，全球暖化、後疫情時代尤然。而石化業，連同聖崇反對至今的「鋼鐵王國」，都該重新檢討發展的策略，甚至「存有與否」都該審慎視之。

Chapter
12

飛越土方

　　1990 年代的環境運動，可說是遍地烽火、「應接不暇」。聖崇身兼民進黨新竹市黨部主委及台灣綠色和平組織會長，幾乎跑遍全台，躬逢其「盛」；然而，故鄉接二連三的戰役，也纏鬥到變成他頂上的白髮。

　　在進入故事之前，我們可以就先前的事件了解到，聖崇的戰鬥位置並不是純粹在象牙塔外嘶吼而已，他時常進入巨塔內觀察不同勢力的樣態，厚重的簾幕重重地落在腦袋之上。他說：「我所做的事情在某個角度而言，其實不是做『社會運動』，我做的是『遊說』：直接面對政府官員。這些工作不會公開，外面的人也一概不知它的存在，因此，是無法發揮教育功能的。」

　　筆者真希望這些話只是謙詞，畢竟遊說所輻射出的政治能量與後續錯綜複雜政治角力，實在遠大於一般人所認知的「近因」。聖崇本身就像一株無花果，將智慧之花隱藏在果實中，果實會腐爛，

但他的貢獻會延續；古時印度的經書裡有時會出現「無花果樹裡尋
花」，來表達追求一件沒有意義或不可能的事，但聖崇的行動，從
來不被「結果」約束，而且他所尋的，更不是稍縱即逝的「花」，
而是真正可以在民族精神中延續的「美麗的意象」。

　　況且，事實上，我們可以從歷史中找到，藉由深入探究體制而
達到啟蒙他人的案例。16 世紀，馬丁・路德在教堂門口貼上《九十五
條論綱》就是曠世聞名的例子，以討論「贖罪券」的槓桿，舉起了
整個教會的沉痾──所謂「震撼教育」，反而是不帶說教意味的，
是帶著「問題」來而已，光是這些行動所激起的荒謬感性，就常常
像通了電流，使人甦醒。

　　聖崇將自己行動的要領歸納出幾項原則：「首先，你要有膽識，
看到官員不要怕，氣勢雖然不一定要比他強，但至少要平等；第二，
要有知識，更重要的是『常識』，才有材料編織，甚至讓對方感動；
第三，最好擁有比他強的東西，如政治背景、人脈、交際手腕等，
必要時可以派上用場。」

　　遊說的人適度運用張力，結果有時候比衝撞還要符合實情，而
且往往會搭起意外的橋樑，甚至逆轉許多看似絕望的局面。聖崇接
著說：「遊說要給壓力，也要懂得妥協。我可以做好這個角色的原
因是，第一，都是為了公義，不會去害人；第二，我會替他們看預
算書，如果他們在研究法律，例如《環境基本法》，我還會跟他們
討論、提供意見。當他們知道你的心意，也會願意和你有往來。」
追求環境正義的過程中，我們常常會看到一群人努力地想變成一個
人──關於一個人與生俱來的價值，到底有多重要？他們像希臘神

話中的薛西弗斯一樣，承擔起人類征途之中不斷累積的代價，日復一日地將巨石推向山頂，即使下一刻巨石又將滾落山谷，他們的意識依然不變——這就是覺醒，一個超越命運的證據。

在新竹的戰役中，首當其衝的就是新竹香山溼地填海造陸的計畫。1991 年，新竹市長童勝男委託財團規劃香山海埔地，而 1992 年台灣省政府以「促進國土開發」為由，核定新竹香山區優先辦理開發，於是開啟了十年的抗爭。

事實上，在濱南案期間，台灣環團已經聯絡世界溼地學會前來交流，而事件幾乎緊湊相接。聖崇當時就邀請溼地學會的亞洲部門代表來香山溼地勘查（他原本受邀去台南七股會勘）。除此之外，為了增加曝光度，聖崇還帶著幾名新竹記者現場記錄，以報導推波助瀾。

聖崇和記者的關係，可說從 1989 年後就開始耕耘。當時聖崇有了公司的大哥大，機動性強，不只公司方便找到他，與記者互相聯絡也方便。而因為戰役緊湊，時間往往主宰一切，於是，聖崇也常常擔任「信鴿」的角色，為環運朋友們找好資源，收集即時資訊來調整決策。直到後來，聖崇慢慢成為一位「吹哨者」，就換成他主動出擊，並常常私下請記者喝咖啡、吃個簡餐，好好運用 1、2 個鐘頭，娓娓道來事情的始末，讓對方好「消化」。

會這麼做，事實上也是因應記者的工作性質：今天的新聞，就是明天的舊聞，永遠的明日黃花。但環境的淪喪可是持續進行的啊！還有更殘酷的情況是，若媒體的高層或主管交代底下的記者有不能踰越的範疇，甚至尖銳的問題也不能提（早被收買的更不用說了），

那作戰起來更麻煩，因為以新聞導正視聽，就是凝結眾人很大的力量啊……我們都知道沒有所謂中立的媒體，「假中立」是假議題，但光是要靠近事實的核心，就可能讓參與其中的人傷透腦筋了。聖崇透過他們的行動去理解其思維方式，但仍有一件事，是他罵了30年的陋習。

有看過一個人活生生地被五馬分屍嗎？這個畫面或許你會感到驚悸；但當一個人的錄像被分食成好幾塊，你則會感到厭煩，電視台的記者就是取道如此。幾十個人以麥克風堵住一個人，大家都取得相同的段子，然後再回去商討如何分掉──試想，這幾十秒的曝光可以說出多少事情？好不容易訪問到瞭解的人，這麼草草帶過又有多麼浪費？當事件不斷地「深入、淺出」，最後就是稀釋到無關痛癢了！於是，聖崇是非常推崇「追蹤報導」的，他曾主動到台視找記者，講述台灣水資源的困境，所幸他們有聽進去，同意製作了「台灣水資源永續利用」專輯7集。那時，聖崇帶著記者阮淑祥拜會屏東縣長蘇貞昌、中山大學陳鎮東教授、雲林農田水利會會長張輝元，以及新竹縣長范振宗等人，即使需要分攤採訪費用也無妨。聖崇對待記者從不藏私，凡事希望敘述完整，將事實的真相呈現出來，永遠是最穩定的長期投資。

回到香山溼地案。當時聖崇常到新竹鳥會開會，在會勘結束後聽聞內政部辦的聽證會也方才結束，於是他側耳傾聽居民的想法，意外發現原來大家手上都沒有環境影響評估報告，說是「不敢要」。他一個回首，按住前腳剛走的某要人的肩膀說：「給我書。」對方扭頭，聖崇接著不甘示弱地說：「你看，這是溼地學會的報導的報導，

你不怕我把事情鬧大？」對方瞬間直冒冷汗，不得已，還是交出了書。聖崇像尖峰時段的服務生，沒時間檢查裡面的餐點是否正確，就火速地將書端給鳥會的人品嚐。他們將報告複印給教授們，再集結教授的回饋文給環評委員參考，寫成答辯書；同時，還有國大代表鍾淑姬及劉俊秀的戮力連署，凝聚堅不可摧的民意。

政府試圖愚公移山，將香山丘陵剷平，再把土方填至沿海的溼地，打造 1 千公頃的工業區。這不只破壞了沿海生態、漁民生計，還將全部生存的希望寄託在一個不可捉摸的幸福——同時是恐懼。當抗爭民眾將漏洞收集得越多，政府的作為越是站不住腳。

終於要推倒政策的時候，對方卻突然換了姿勢，來到最後一場閉門會議。原來是環保署長蔡勳雄化身為行政院長的一枝枴杖，支支吾吾地說：「連戰問我怎麼還沒過……這樣啦！香山分成三區，我們開發一區就好，其餘精華區給你們保留，如何？」當下，聖崇震怒，瞪著這樣不顧職責、唯唯諾諾的角色，一口回絕，新竹文化協會彭明輝教授更是兇悍、直搖頭，鳥會代表李雄略則默然。

顯然上述的會議，大勢已定，但是，到了環評大會當天，蔡勳雄還是不死心，死纏爛打，從一枝枴杖進化到義肢，依然力圖爭取小面積的過關，所幸，在台大森林系教授陳信雄的噓聲下，才結束這場鬧劇。

然而，就在同陣營的蔡仁堅選上市長後，原本大家要額手稱慶的，以為香山溼地開發案終於要撤銷了，卻未料這位新官上任「三把火」，這三把火不是用來殺敵，而是燒自己！蔡違背了承諾，換了位子就換了腦袋，馬上變成一扇旋轉門。當時，市政府主秘李宏

生一句「同意（開發）」，聖崇爬起來幹譙：「古早就說不行，怎麼選舉完又在亂？」於是，還有良心的人只好繼續埋頭苦幹。

當時，蔡仁堅還是絞盡腦汁要讓開發案「上壘」，他說道：「……開發面積由原計畫 990 公頃縮減至 570 公頃，將溼地劃出，避開汙染性工業，朝休閒遊憩規劃。另考量醫療、生技產業科學園區需求作規劃使用。對於目前計畫內容大致同意，但細節於後續執行中仍需再討論……」然後要重新修訂環評報告書再送審。

說起環境運動，常常拚到最後不得不附上尼采的註解：「與怪物戰鬥的人，要小心自己不要變成怪物；當你望向深淵，深淵也同時在凝望著你。」迄今仍有像這樣的無數案例正在上演，反抗到最後是在反抗人性。

所幸，後來在環評會中，環評委員及與會代表還是一面倒地認為香山溼地不宜開發，結束了這場毫無必要、可說是天馬行空的開發案。會議結束前，市府代表的面子也顧不了了，只好悻悻然地說：「新竹市政府對本案沒有預設立場，全看所有市民的意見，以民意為依歸，但是民意為何，目前市府還不清楚！」

2001 年 1 月 17 日，環評大會終於扳倒了這一個半路殺出的庶子，香山溼地不應開發。

Chapter

13

滑倒的莊主

　　聖崇被推派到大會演講，在三分鐘的發言裡，構思，30 秒；搜集裡面的資料，耗費一生。他是土地公性格的人，說來奇妙，他所做的事也只有土地公切身；當人世間的紛紛擾擾可以被歸納為「愛與痛苦」兩大類時，他選擇將自己壓縮成一粒灰塵，在每一種執念之外自由飄浮。

　　而理想未竟之前，或許爭戰中的拿破崙，可以替聖崇聊表些微心聲：

　　　　我覺得自己，正在被推向一個我所不知道的終點。一旦我到達那裡，一旦我變成不是必要的人物，一粒微塵都可以把我擊碎。可是時間未到時，人類所有的力量，都不能撼動我。

　　這是拿破崙在一次又一次的爭戰中，告訴自己的話，萬箭歸一
心。聖崇的語言裡，也常常有這種從過程到結果都沒有半點糾纏的
信念。

　　1997 年 8 月 18 日，溫妮颱風來襲，位於台北縣汐止鎮的林肯大
郡社區，因大雨造成邊坡滑動，房屋倒塌，活埋 28 人。該地是順向
坡，在災變之前南北坡向皆為 30 度，但邊坡傾斜的角度及岩層傾斜
的角度相同，為標準的順向坡地形，使雨水直接沖毀基腳。然而，
這只是近因，在事後的調查中，才發現早在規劃時，一連串的地質
調查已造假，而地錨掉落等施工不實的狀況頻頻出現。當時，聖崇
去現場勘查、拍照，在尤清縣長所設立的指揮中心裡，他看見地質

林肯大郡，身後是森林的墳場。（比擬照片）

專家所做的分析。聖崇從中萌生許多疑問，於是開車直奔中央大學，請教更深入的議題。教授慷慨解囊，不只教了他基本的地質知識，還告訴他如何分辨分析報告的真假，事實上，林肯大郡已經是不幸中的大幸，全台灣還有更多、更離譜的工程正在進行，且被掩蓋得好好的。

聖崇就是這樣學習的，要了解事情的全貌，一定是不怕問，即使是冰山一角，也要把海洋底下的結構摸索出來。其實，這個不求甚解的精神，也震懾了官僚體系的人。曾經轟動國際的「裴利修正案」，因為非法走私犀牛角的情事，導致柯林頓總統頒布，禁止台灣的野生動物產品出口到美國，間接促成了生態保育聯盟的成立。而事件當下，聖崇在立法院舉辦公聽會，不只抨擊農委會的作為，還同時質問交通部、教育部等部門。

也許有人會困惑：除了直接的管理單位，其他部門和這起事件有什麼關係？誠如當年的官員，他們起初不願來，即使赴會了，也只是愣在一旁，不知所措。然而，在聖崇的概念裡，這些部門可是息息相關的。試想，保育的終極目標即：「未來的生命，只能來自現存的生命」，而瀕臨絕種與「汙染防治」是一樣的道理，都已經到病入膏肓的狀態了，相較於挽救的行動，普及「保育思維」恐怕更重要；況且上行下效，我們可以抓住機會，擴大議題操作。聖崇就說：

「我問交通部，從北大武開路到台東，棲地破壞了，你們有何對策？接著問教育部，國小國中課綱中如何強調生態保育？現在的環境議題那麼嚴重，你們的內容有無與時俱進？」一個案件，尤其

是爭議性的，通常涉及體制的改造，所以必須宏觀視之；比方說，以當今形成燃眉之急的空汙議題為例，當台中火力發電廠造成嚴重的空汙時，我們不只可以邀請台電、工業局、能源局等「相關」單位說明，也可以向教育局伸出橄欖枝，共同商討在空汙常態化後，國中小師生的應變措施，或是請衛生局統計肺癌人數，必要時請健保局調整健保費用。

當時代的知識系統逐漸專業化，我們也越容易將事情的面貌分門別類，繁冗而不易精準掌握，何況破碎化的訊息幾乎分散了人們的專注力，假訊息的爆炸挑起情緒與無謂的對立，正義變成海市蜃樓、民粹凌駕法律──聖崇在立法院的勇敢嘗試，是一種整合議題的訓練，也讓監督公部門的夥伴們瞭解，解決問題，不能依賴盲目的鑽研，地球是一個封閉的系統，一切環環相扣。其他立委的助理們也感染了這股風氣，聖崇就常常趁吃飯休息的時間，與好友杜文鈴一齊為大家上課，補充生態保育的知識與法律要領。他實在是殷切盼望個部門能跨出合作的腳步，進而趕上變遷中的環境議題。

杜文鈴說道：「為什麼要幫大家上課？因為立委太忙了，當事情一多，效率就會變差，況且每個案子都有時效性。比方說，費了好大的工夫才約出立委好好談，對方即使說好，也是交給底下的助理執行，又得重新講一次。如果助理本身的能力、知識及判斷力都能提高，那以後溝通就不用重新開始了，甚至，這股力量可以帶動黨部有效利用本身的資源，無論是從律師、還是國會系統下手，律師也會來環保聯盟上課。那時候，我們還成立『社會立法運動聯盟』，是一個遊說艦隊，悟泓法師莫大功勞。」

在林肯大郡災變的同時，有個案子正如火如荼地闖關，即關西機械園區開發案。當時聖崇也是積極參與，但環評還是過了，直到水土保持規劃書的審查，才開放給環保團體參加。然而，禍不單行，審查到第四次會議時，時間及地點竟然遲遲未通知，聖崇強烈懷疑，其中可能有詐，於是打電話給段錦浩，果然，會議早已安排好了，就是現在，距離開會只剩下 10 分鐘！且地點還選在中興大學（那時聖崇人在台北，大部分的環團也在北部）！這樣暗渡陳倉，擺明要「密室協商」，聖崇氣不過打給農委會主秘辦公室大罵；然而，一切更令人作嘔的是，昨天才剛發生林肯大郡災變！說這些官僚顢頇，恐怕還太厚道，罔顧人命的漠然態度，不得寬恕！

但事件尚未落幕。這原是總統李登輝關心的案子，當土地變更之後，跑到營建署抗議的聖崇，自然是碰了一鼻子灰。但是此時，有朋友來自遠方提水過來，竟然澆熄了這場人為大火。

這個人就是時任台北市長的陳水扁，蒙承天地降下的災厄，頒布以下行政命令：

> 經本市都委會審議通過，規定山坡地平均坡度高於百分之三十者，一律停止開發，且不准計入法定空地，以雙管齊下的途徑，徹底保護山坡地。（1997 年）

阿扁仔這把大刀一揮，這只起義的標竿一豎起，志同道合者就有途徑可響應了。原來，當時營建署規定開發山坡地的最高坡度是 40 度，就以關西案來說，即使欲改革，也必須有所依據，陳水扁不

畏財團、權勢的壓迫，真的是替天行道。

後來，擔任內政部長的黃主文，便投書報章雜誌，他就是響應的志士之一。他表達了自己支持陳水扁的理念，甚至要將「百分之三十」的規定放諸全國，終於，在到了都市計畫審查的階段時，一口氣殺掉關西案。不只如此，那時候正是全台山坡地大開發的時期，在黃氏的堅持下，讓許多原本應該會被搞得生靈塗炭的開發案（甚至有到坡度 60 度的建案）一一拔除，一個個投資人痛心收手，暗中結盟的暴利淪為紙上談兵。其中最著名的，莫過於「中華山莊」開發案，此案位於新埔，案主和黃主文一樣同為國民黨籍，坡度 37 度，在合法範圍，黃氏依然沒有一絲動搖，照殺不誤。

聖崇回憶當年反敗為勝的戰鬥，高興雀躍的心情，恍如昨日。他說，他後來遇到黃主文的兒子，拍了拍他的肩膀說：「謝謝！你父親功勞一件！」

歲月無痕，善良的心卻在延續的生命中得到寬慰。聖崇發自內心的懷念，對照著生態的保全，不禁令人想起聖桑的〈動物狂歡節〉組曲中，其中那首最優美動人的〈天鵝〉篇，四季將永不止息地更迭，哀傷拓印在古老的石頭，陽光底下的葉脈是喜悅的笑紋。

聖崇繼續說：「台灣無論在環境運動抑或產業政策，只要有宏觀思維，大家都可以休息（無須抗爭）。而且身為執政者，只要你改變一個準則，事實上所有環評都不會發生，因為提出來之後，如果連合乎法律標準的東西都做不到，那根本無需遊說環委。」

在這個大慧裂滅、巧智環生的時代，我們不必去猜想為何歷史上會突然冒出幾個頑強人物、偽善人物，或者英雄人物；甚至，許

多「偶然」來得恰到好處、晴天霹靂。我們下的每一個決定，都源
於我們如何認真地感受世界；掌握命運的這雙手，抓緊了什麼？是
否抓得緊、揮得盡興、彈得扎實、運得巧妙——這之間，可能蘊藏
著真理、藝術、人權、公平正義等形而上的價值，是你呆坐枯想時
完全不會有的體驗。

Chapter
14

東邪西毒

1973 年，高銀化工落腳桃園觀音大潭新村，大潭新村是一個移民村，住著從石門水庫搬遷而來的原漢居民。

1983 年，鎘米第一次見報，由聯合報刊載：「高銀化工主要生產塑膠安定劑，進口鎘條為原料，在反應不完全時，會有含鎘廢水排出。這些廢水汙染附近灌溉水源，鎘再從灌溉水進入稻米中。」此時社會恐慌，政府遲至 2 年後才公布檢測結果，當全世界第一起鎘汙染事件發生在日本而引發痛痛病時，他們的鎘含量檢測結果為 1.41ppm，但大潭這邊卻高達 2.88 及 2.56ppm。居民已經抗爭多時，但中央與地方政府卻把人民的生存權踢來踢去，陳情未果的情況下，1988 年，村民承襲自李長榮化工的經驗，他們圍堵工廠，持續了 11 天，終於逼得老闆出來協商。

大潭新村的土地已經傷痕累累，中央又不支持遷村，甚至要求村民限期搬離，村民帶著一生的傷痛再一次「流浪家鄉」。

　　然而，這塊「人造惡地」，並沒有因此得以休養生息，好像靈魂受到詛咒似的，反而引來中油、台塑、台電的覬覦，1990 年代，不時有開發計畫在桃園濱海傳聞，土地價格暴漲，政府於 1992 年，將大潭規劃成「濱海特定工業區」、「桃園科技園區」及「環保科技區」，後來，高銀化工已停止運作，而台電天然氣發電廠的進駐（2006 年）之後，更將生態浩劫推上「世界驚聞」，不顧世界級保育類珊瑚的受損，電廠旁的中油第三天然氣接收站與政府「情投意合」，執意闖關環評。

　　目前，大潭藻礁正值危急存亡之秋，「搶救大潭藻礁行動聯盟」正在串連全世界的力量營救。拉開時空來看，大潭沉寂已久的傷痛正在急速惡化，而台灣還有許多工業巨獸寄生在古樸的鄉梓，聖崇的家鄉同樣歷歷在目，他努力打擊「煉毒廠」的事蹟，草木含淚，鳥獸皆悲。

　　1997 年 10 月 30 日，立法委員、新竹市議員及里長，共同譴責新竹科學園區，將汙水排入新竹市最大的灌溉溝渠隆恩圳的行徑。同時間，環保署以突擊的方式，對園區的汙水處理廠進行查驗，想不到，廠方不只提不出數據，連最基本的十四個排放口流向的平面圖都提不出來，於是突檢小組以違反《水汙染防治第十八條》告發。

　　隆恩圳是歷史悠久的古圳，早在清帝國時期由王世傑開發，灌溉新竹西側及南側約 400 甲的土地，沿用至今；而圳水排入頭前溪，首當其衝的就是自來水廠的抽水站。當時，聖崇已回新竹定居，往

左｜台灣綠色和平組織鄭小璇帶著英國媒體
　　BBC 前往大潭新村拍攝在地史，聖崇也一
　　同前去。
右｜在鎮平宮訪問居民。

來台北總部及新竹湖口工業區二地，一看到這個鐵定會嚴重影響民生用水的消息，便主動帶著記者，在後續的追蹤報導中搜集證據。

　　尚未發展 IC 晶片的科學園區，當時只是以軟體、科技為導向的實業園區，光是製作電腦加工品，就產生大量汙水；汙水則是透過地底下一條大管，每天將 8 萬噸的水經過光復路，最後排到客雅溪。但是，當產量越大，工廠也越囂張了。不只要求遠從苗栗永和山水庫擴大供水，連排水管也要擴大，或乾脆「溢流」出來，更糟的是，汙水廠的機器壞掉也不修理。眼看著他們又要做第二排水管，沿著寶山路排到客雅溪，聖崇便帶人到寶山路的溝渠蒐證。直到實際的

攝於龍泉寺。

左｜第二條汙水排放水管還沒做好時，約在龍
　　泉寺上游 200 公尺處。
右｜第一排放管排水口。

寶山路旁的水溝工程。

約旦河即為後來的頂南圳。

從前名喚約旦河（目前約旦河沒有水了），原本水質清澈甜美，自從竹科第二排水管排廢水出來後，臭味瀰漫。最後這些水都排到客雅溪，那裡不能取水，只能排水。

情形被陳權欣記者報導出來後，竹科竟然還發文給環保署，大意是說：如果你要我做環評，那我就死給你看！

台灣環境運動史上，歷來抗爭者要找出業者的違法證據，著實困難。受害者承擔著舉證責任，並在犯罪者所設置的重重關卡下，啞巴吃黃蓮。像是 2012 年六輕大火，附近大量的西瓜異常腐爛，瓜農卻求償無門；2013 年日月光半導體公司將未經處理的強酸含鎳廢水排入後勁溪，但因難以判斷是「偶發」抑或「惡意違法」，政府也無法立即勒令停工。聖崇與迄今持續監督的勇士們，都是在憾事未發生之前起義的，面對作惡者的虛以委蛇，或者像上述的竹科那樣，以情緒勒索的方式罔顧事實、以死相逼的做法，聖崇只能像戰場上不畏死亡的士兵，即使撲了空，也要壓著傷口往前衝。

關於舉證責任，好友杜文鈴則以歐洲的民主大國德國，治理多瑙河的經驗補充道：

「如果只把監督河水的工作交給幾位巡川員，這些人一定會被毒打（勢力單薄，威嚇容易）。然而，德國人很有系統的概念，他

們將國家的權力轉化為利害團體的權力。一般的法律途徑有告發、告訴、自訴，而德國的智慧在於，將告訴的權力轉交給多瑙河沿岸來來去去的釣魚客、賞鳥人，當你的權利受到侵害時，你就有告訴的權力，而且告訴的時候是以團體的名義，沒有人知道你是誰，而這些團體只要象徵性地給政府 1 馬克即可。

　　事實上，還發生了一個小插曲。當我們和詹順貴一起去告竹科時，當天揭發事件的記者陳權欣立馬被警告。我打電話給環保局長，提醒他是不是疏忽了《水汙染防治法》中的一項規定：當廠商發現有汙染時，必須主動跟你報告，假設沒有的話，你不用經過任何程序，就可以罰他，他聽了愣一下，說：『對對對，我馬上叫課長去開罰單。』一旁的記者感到驚奇，因為每次他們都說會檢驗，結果都沒有下文。很多事情要去找到那根針，才能不斷地前進。」

訪問加州矽谷毒物聯盟，研討會後合影。

聖崇獲頒矽谷毒物聯盟的貢獻獎。

矽谷毒物聯盟的台灣行，
舉行「台美兩地環保團體
第一次接觸記者會」，圖
為大合照，聖崇（左一）、
杜文芩（左三）、黃提源
教授（左五）、鍾淑姬（右
四）、高清波（右二）等
友人熱烈地接待外賓。

矽谷毒物聯盟與台灣的環保人士分享產業發展的背後，鮮為人知的環境汙染。

聖崇為大家解說新竹的現況。

竹科第二放流水管經過聖
經書院和修女院，居民身
體不適，健康檢查結果血
液與尿液異常比例偏高，
生活環境不時有惡臭。

聖崇帶矽谷毒物聯盟的夥伴前往竹科三期附近實地考察。

　　後來，透過杜文苓聯合學者專家成立監督委員會，由竹科主辦，主任委員黃提源協助，邀請矽谷毒物聯盟來清華大學舉辦研討會，傳授矽谷經驗。當聖崇帶著他們參觀工廠周邊時，眼見工廠與住家相距不到 10 公尺，驚呆了不少外國人，因為對他們而言，基本的綠帶是一定要設置的。然而，地狹人稠，這就是台灣的困境。

　　這個困境，可以回溯至「農地釋出方案」（1995 年）實施之前，所討論到隔離綠帶的問題。當年在會議中，還有談到「回饋」的機制，亦即當土地改成「非農地使用時，仍要達到社會公益及自然緩衝的標準」。這個機制之所以重要，是因為工業區設立後，人口增加，勢必面臨生活機能擴張、環境承載過度的問題。但是，當草案送到立院後，在各派勢力及其背後狹持的財團之拉扯下，理想性越修越低，直到微乎其微的約束力；聖崇在國會裡，看著許多切實的發言像冰淇淋一樣迅速融化，一滴一滴美好的憧憬化作地上的汙漬——他知道自己必須懂得談判以外，還得堅守著立場。

聖崇帶民視記者前往蚵農工作處拍攝。

肥美新鮮的牡蠣，卻吸吮著人類的罪惡。

寶山路下來的排放管，竹科將廢水排放至客雅溪，途經當賢橋。

約旦河。　　　　　　　　　　　　廢水流入客雅溪。

　　緊接著，就是香山綠牡蠣事件，也就是現代版的「掩耳盜鈴」。2001 年，就在英國《環境汙染》期刊的一篇〈台灣地區攝食牡蠣在金屬及有機氯殺蟲劑方面的潛在健康風險評估〉研究報告被台灣媒體披露之後，排山倒海的恐慌撲向蚵農生計。

　　霎時，農委會召開緊急會議安撫漁民，而北中南各大漁會呼籲消費者別輕信論文、海洋未曾遭受汙染，甚至公害事主的主管機關──新竹市政府，還帶領立法委員在鎂光燈面前表演生吞秀澄清：「沒毒！讚啦！」並要求大家重拾信心。好像一個母親要救孩子似的全力以赴，但這些「人民的公僕」在平時卻是睜一隻眼閉一隻眼，看著滾滾毒水麻痺牡蠣的身體。

　　早在新聞未報導之前，時任淨竹文教基金會董事長的聖崇，就在環保署辦的一個會議中（位於師範大學，該會討論環評相關技術，以及如何改善環評作業）裡聽聞過這篇研究了，在會議中，有位教授遮遮掩掩地說：「你們這邊沒有記者吼？講的這些事情不要寫出去喔！」結果，台灣沒報出來，倒是先被國外的研究報告刊了出來，於是，台灣媒體一陣譁然，當時嘲諷這個現象為「外銷轉內銷」。聖崇說道：「我有次在環保署遇到一個台大教授，他談到在環保署的一個研究報告中，有談到新竹新豐的綠牡蠣，然而，他們刻意不在環保署內的會議室開會，選擇在外處，因為怕遇到記者，結案報告雖然存參，卻躲不過社會的撻伐。」

　　後來，聖崇不辭辛勞地帶著記者持續深入採訪，他說：「竟然沒有一個官員要求追查汙染源，為什麼這麼多年來，相關單位沒有採取行動？漁民抗議的對象，應該是中華民國政府，是汙染的製

聖崇至出海口拍攝蚵農照料牡蠣的情形。

立棚式蚵架，蚵架高出水面，一條條的蚵串垂立於水面上。

香山濕地退潮時的景象。

造者。從這一次的事件可知道：水質管制標準訂得太低。難道牡蠣會自己製造出重金屬及有機氯殺蟲劑？我們的水質狀況有長期監測嗎？」

　　一句問話，打臉了居心叵測的「清」官，可是孤虎難敵猴群，一個巨大如滾雪球的謊言，也一併將少數良心摧毀殆盡。尤其，竹科和媒體的關係非常好，人民自從推翻「白色恐怖」對言論自由的審查之後，如今卻迎來資本主義對意識形態的綁架。有一次，在聖崇推助記者報導的時候，竟然只有一家媒體刊登。聖崇困惑：明明是重大汙染的事件，且證據確鑿，怎麼可能？後來，經由中國時報記者的透露才知道，原來，當大家奮力地追查罪證的時候，新竹科學園區產業工會在暗中有意識地「提醒」麾下業者，不要在報導汙染事件的媒體上刊登徵才廣告，而媒體少了豐厚的廣告收益，在高層權衡之下，只好收手，整個事件因此被壓了下來。這對一個剛脫離解嚴不久、進入民主化的社會來說，是多麼大的諷刺！揮別了獨裁專制的「白色恐怖」，卻進入了資本主義的「金色（金錢）恐怖」；而且，更離譜的是，當聖崇去翻開環保署稽查大隊歷來檢查汙水處理廠的審核簿，再到廠區突擊檢查，對照實際運作的情形，一看不得了，下巴都快掉了下來——原來、原來簿子裡都是亂寫的！這對於一個方才自清的政府而言，是多麼滑稽啊！但最無辜的，永遠是努力營生、恪守本分的市井小民……。

　　如果將自然比喻成資產，那這些業主彷彿是紐約華爾街上大大小小的基金經理人，以暴利為誘餌，拿未來投資人的錢支付先前投資人的坑，疊出一個好大的空中樓閣，一個龐氏騙局——結果在金

融風暴後，無數人因為他們的行為破產而自殺，但這些始作俑者卻沒有一個坐牢，更無奈的是，許多選手兼裁判的金融機構、政府機構橫行，讓整個交易市場、法治社會失靈。

毒水不只緊挨著家門，也在全島亂竄，像一根針掉進血管裡，流遍全身。痛覺催促著我們找到事情的真相，可是，就像警察辦案，我們首先要揭穿凶手迂迴的手法，不要拘泥在片段的資訊，才能打開全面性的眼光。

同樣在 2000 年，高屏溪上游被人非法傾倒廢棄溶劑等有害事業廢棄物，造成嚴重汙染。因為高屏溪提供高雄市民生用水，自來水公司於是立即停止大樹攔河堰與九曲堂的取水站，導致部分地區停水數日。

這個對南國母親河痛下毒手的凶手，就是昇利公司。他們是《廢棄物清理法》底下，環保署認可的廢棄物處理業者，但是當錢進了他們的口袋，他們卻將收集而來的長興化工有機溶劑，傾倒在青翠的山谷間，草木立即枯萎，魚蝦大量死亡。

隨後，當新竹科學園區 56 家業者的廢溶液無處可去時，環保署只好將一桶一桶的廢液，暫放在彰濱工業區的廢棄工廠裡，讓陽光腐蝕著。

若我們召喚最新的記憶，2020 年 8 月 4 日，黎巴嫩首都貝魯特港口大爆炸，恐怕還歷歷在目。那是由囤放 6 年、高達 2,750 噸的硝酸銨引起的公安意外，如核爆般的蕈狀雲衝擊著全世界的眼睛，造成將近 5 千人傷亡、30 萬人無家可歸的困境。而將近 20 年前，我們的政府也冒著工安事故的風險，將一顆未爆彈塞進無辜的土地，所

作所為攻擊著理性與人的尊嚴。

　　或許推理小說家 G・K・卻斯特頓說得好：「要是你已經知道一個人在做什麼，就要趕在他前面；可是如果你想要猜他在做什麼的話，那你就要守在他後面。當你走得和他一樣慢，你也許能看到他所看到的。」聖崇知道這一筆爛帳不可能煙消雲散，於是持續緊盯著。果然，到了 2004 年，新竹科學園區陡地冒出一座焚化爐，而且早在當地居民組成「竹科反焚化爐自救聯盟」之前，就悄悄開始運作 1 年。這是擺明是用來處理廢溶劑與汙泥的焚化爐，園方竟我行我素地規劃，並以其他的名義申請執照，還刻意迴避環評程序，再一次，政府與竹科聯手，以「密室」的糖衣包裹「違法」的事實，掐住人民的脖頸，硬逼著人們吞毒藥下去。

　　聖崇與諸多環保團體於是再次起義，而這起事件，直到 2006 年在立院的開鍘下才落幕。由上述的許多經驗，我們可以發現到，環境運動之所以能撼動體制，並不是靠一些似是而非的理論，而是靠眾所周知的事──因為只要是真實活在公害現場的人，都有自明之理，他們以清楚而平凡的思考，打敗替錯誤辯解的把戲。

龍山國小家長會刊登大型海報，向民眾揭露竹科的惡行。（林聖崇 攝）

反竹科焚化爐抗議活動現場。（林聖崇 攝）

民眾集結至竹科工業管理局前抗議（2005.1.1；淨竹文教基金會 提供）。

左｜緊鄰中山高 95.6K 的焚化爐（2005.1.8；淨竹文教基金會 提供）。
右｜除了左邊較小的這個是柴油儲槽，其他都是廢溶劑儲槽（2005.1.8；淨竹文教基金會 提供）。

Chapter

15

高爐戰記

睜開充滿火焰的眸子之頃，
我看見了陋室的醜惡，
也感到被詛咒的憂慮的尖鋒
刺入我的靈魂深處。

——波特萊爾

　　人到了某一個年紀，似乎就得回答青春歲月所埋下的問題，或伏筆。獻身台灣環境運動的聖崇也是如此，因他的專業，使得石化業客戶得以穩定運轉；也因為他足夠深入的了解，鋼鐵業的病徵從來沒有辦法在他面前刻意隱瞞。就像一個人會經歷生老病死，花兒有開有謝，任何產業，也有它階段性的任務必須結束。

　　要討論台灣鋼鐵產業的問題，首先必須瞭解相關的製程。目前

台灣有兩種，一種是像中鋼、中龍那樣，從煤炭與鐵砂煉起，另一種是購買廢鐵煉鋼，如豐興鋼鐵。

而第一種的製程中，原物料通常從印尼、泰國、澳洲及中國購買而來，數量很大，幾乎可以堆成 10 座巨蛋。準備好後，首先得將煤炭煉成焦炭，並把鐵砂燒成「燒結」（多孔狀，如乒乓球大小），加一點來自花蓮的螢石後，將上述兩者放進高爐燃燒。過程中，鐵砂會被還原成生鐵，而碳會勾著氧，形成二氧化碳排出去。這是第一階段。

再來，因生鐵仍含有某些雜質，所以必須再坐著「魚雷車（載運生鐵的工具）」奔向「轉爐（BOF）」，置入氧氣，帶走更多的碳，才能流出真正的鐵（意即鋼）。其中，根據少許的碳量，可以再分為高碳鋼、低碳鋼，另外，我們還可以添加一些物質，變成不鏽鋼等合成鋼。而從轉爐流出來之後，就是一塊一塊的鋼胚（鋼液），像豆腐似的，大概 10 至 20 公尺，經過加熱碾壓，就變成薄薄的紙——鋼，其中，又可分成熱軋鋼板及冷軋鋼板，其餘小塊一點的可以賣給下游工廠做成鋼筋或鋼絲，或是賣給螺絲工廠等等。以上，就是第一種製成的兩大階段。

第二種製程則會比中鋼用到更多的電。當廢鐵進入電弧爐煉鋼廠（如豐興鋼鐵）之後，會插進電擊棒，產生超過 1,600 度的高溫，讓裡面的雜質，諸如塑膠、銅線等，都熔化成液體，形成鋼胚。可是，在熔解的過程中，這些雜質不只造成重金屬汙染，還會揮發成氣體，逸散出戴奧辛、鎘、鉛等有害物質，而當這些重金屬從氣態變成固態（顆粒）時，又會跟灰塵混在一起，形成「集塵灰」。這些集塵

灰被到處亂埋，2005 年發生於彰化的戴奧辛鴨蛋就是血淋淋的例子，另外，即使有收集起來處理，淨化效率還是有限，過程中會造成汙染。目前，集塵灰是送到台灣鋼聯（其中，豐興是最大的股東）處理。

豐興鋼鐵的所在地后里，是台灣戴奧辛汙染最嚴重的地方，這種依賴又傷害的關係，廣見於各大工業區中。2015 年，有百位居民接受健康檢查，在願意公開報告的民眾中，有 3/10 的民眾身上的戴奧辛含量超標近 1 倍（WTO 建議的標準是 32 皮克，但居民的檢測數字中有的高達 50、60 皮克）。

這兩種製程的工廠，員工薪水豐厚，幾乎在當地是穩站「理想職業」、「金飯碗」的前三名，卻耗去土地精華最甚。光是在 2007 年的統計中，鋼鐵產業之戴奧辛的排放量就佔全國的一半，二氧化碳排放量佔全國的 18%，使用能源達全國的 7.79%，但產值只佔 1.7%。而就在自然資源如此緊繃的情況下，從 1977 年的一號高爐到四號高爐、中龍鋼鐵的一號、二號高爐這類一貫作業煉鋼廠的接連點燃，還有中鋼的旁邊，被石化工廠包圍的大林蒲，從以前純樸的小漁村變成後來近乎世界末日的殘景，我們每一次擴廠的代價，就是替未來 50 年內出生的孩子決定環境。

約略計算，那尖塔似的高爐的壽命大約 50 年，相當於人生當中三分之二的歲月，一想到汙染源可以活這麼久，彷彿來到但丁《神曲》中，那個大漏斗似的地獄，越往下，所控制的靈魂罪惡越是深重，直到地心。踏進地獄前，大門上刻著：「來者啊！快將一切希望揚棄！」我們很難想像，此間不間斷地作業、吞吐毒氣、廢爐渣、爐石、集塵灰等等，還取走上帝賜與的豐沛水源——這些危害性命

的輪迴，可以從一個人呱呱墜地到頭髮灰白的人生，都在這些巨獸的陰影下生存嗎？或許我們會遠遊、會外出打拚個幾年，可是故鄉依然在那裡，記憶被壓在濃濃臭味的醬缸，家，仍在受苦。

聖崇沉痛地說道：「為什麼我們要讓同一個汙染標準持續運轉半世紀那樣久？為什麼要把未來的指揮棒交給 50 年前的舊思維？」

他早已提倡多年，台灣不產煤炭及鐵砂，長期來看，我們禁不起這種大陸型產業的蹂躪，一旦汙染超載，加上全球環境變遷，整個社會根本無力承擔這隻巨大白蟻侵蝕出來的空洞。要斷然斬除如此巨大的產業是不可能的，但是，我們可以循序漸進地淘汰，若以「台灣優先」為原則來看，我們可以先將兩種製程中第一階段的部分刪去，因為那是整個系統中最最汙染的地方；然後，趁著目前世界鋼鐵產量過剩的態勢，直接進口鋼胚，著眼鋼鐵下游的產業，如此一來，汙染的傷害就能有效減低。然而，光是要踏出這一步，就如履薄冰。

自古以來，既得利益者（上位者）越是對下層人民剝削得徹底，社會地位越高；連同法治社會中，本應互相制衡的力量，最後也成為上位者的籌碼，產、官、學連線，你追我、我追你，樂此不疲，製造出溫馨美好的經濟假象。但如果我們仔細翻開這一襲華美的袍，會發現裡頭一針一線全部是「補貼」而來的！做衣服的人都知道，車縫容易、拆線難，一旦需要拆線，那可是一件費時費力的大工程，除了要仔細挑出「線屎」，還要想辦法忍受視覺上看來恐怖的「連續坑洞」，鋼鐵產業一旦抽掉水、電等補貼，也形同此理。

像一串肉粽一把抓，我們如果換一個角度檢視整個工業發展史，

更可以看出歷史的啟示。聖崇說：

「回憶一下，工業革命最早發生在英國，以紡織業為嚆矢，他們以殖民體制之下的奴隸補充了許多勞力，以及印度生產的棉花作為原物料，成功打造出日不落帝國。後來，帶動了鋼鐵產業的發展，德國、法國成為鋼鐵生產的重鎮，甚至還聯合其他國家成立歐洲煤鋼共同體，這是歐盟尚未成立之前，成員國第一次放棄部分自主權共同合作，但是，幾年下來，歐洲也面臨環境汙染的問題，而此時紡織業已轉移至美國；當二戰摧毀了許多工廠，在恢復的過程中又面臨一次供應鏈的轉移，鋼鐵產業於是開始移到中國及印度，造成英國、德國本國的失業問題。後來，煉鋼技術在日本、台灣、南韓短暫過水，再傳到中國，幾乎環繞世界一周。

如今，BMW 的鋼板就是在中國生產的，中國與德國汽車工業長期的合作關係形同巢毀卵破；明明全世界的燃煤電廠越來越少，中國卻是大量增加。」

我們可以忽略海面上的波紋，但絕不能小看海面下的洋流，這就是世界的趨勢。很明顯地，高耗能產業沒有在島國長存過，而且世界上一直有重要的、穩定的集散地，光是中國一個省份的產業政策改變，其碳排放，可能就超越台灣好幾年了。另外，我們也可以從從業人員判斷。就台灣工業的發展而言，日本時代留下來的技術人員，改朝換代之後進入中油工作，另外也有來自中國北方油田的技術人員；而美援時期訓練出來的技師，也繼承日方開發的遺產，比方說台肥苗栗廠在戰後就發展天然氣（日本時代政府與民間即在苗栗、竹東、錦水等地區探勘石油，並且開採天然氣、凝結油等地

下資源）；到了 1990 年代產業西進，從大社、仁武到林園工業區，又有許多工程師跟著東帝士陳由豪進軍中國福建，連帶許多加工產業移入——跟產業的移動緊緊綁在一起，想當然耳，世界各國的技術人員也可能有相似的移動路徑。

產業的移動可能造成社會問題，但也可以看成是產業創新、升級的陣痛期，而這一群人，正是看過滄桑的智慧結晶。聖崇所對抗的，不只是攀附在「鐵板一塊」的利益集團，還有故步自封的武斷，然而，這些彷彿阿婆仔的纏腳布的事業，事實上在大歷史的進程中都是可以被輕易沖垮的。

2020 年 3 月 2 日，聖崇心血來潮，透過國會助理許心欣的接洽，邀請中鋼總經理前來拜會時代力量新科立委陳椒華。這是一次高瞻遠矚的計畫，你可以抬頭看看天空，月亮的彎刀已經把所有厚重的雲割得支離破碎。

而他已準備好，奮力地提起筆，寫起龍飛鳳舞的字，說起鏗鏘有力的話……只可惜，事有湊巧，立委只和中鋼總經理談了一下，旋即去忙下一件事。現代的立委跟以前不大一樣，關心的議題更多了，像打出去的陀螺，轉呀轉、轉呀轉，勾到了門角，晃一下又輕輕地滑了出去。即使如此，聖崇還是留在國會辦公室內，繼續向中鋼提供建言。事實上，聖崇才剛向台灣經濟研究院提議一個研究計畫，名為「鋼鐵產業不適合台灣」，他願意提供一切的研究經費，只要請得到學者、專家研擬，好好地研究這個議題。但同樣的是，渺無回音。

聖崇，或許可算是台灣經濟起飛以降、在某一專業中的智慧結晶，他看過起起落落不算少，賤古貴今之事也經常碰到，唯一不變

的是，他永遠體現著一種態度：人要有自知之明。人從新生到衰老，看世界的方式也應如此。而台灣文字史 400 年來，也經歷過各大階段的自然資源開拓，從一開始荼毒廣袤的原始森林，到農業由平原征服到高嶺，蒼老的面容底下，高耗能產業的進駐或許是最後一次哮喘，也或許不是，但直到咳血之前，古老的國度總是緘默。

聖崇之所以長年不停地鼓吹，希望逐步淘汰高耗能產業，並不是空穴來風。他是以自己親身經歷制定過程的《環境影響評估法》之終極精神出發的。

1994 年，《環境影響評估法》三讀立法之後，過了 3 年，公布《政府政策環境影響評估作業辦法》。在商議環評施行細則的時候，環保署委託給葉俊榮教授書寫，但葉教授提到，內容雖然談了很多，但光是「政策」兩字就相當模糊。試問，什麼叫做政策？競選承諾算嗎？突發奇想的算嗎？指涉的範圍在哪裡？聖崇覺得疑義，就常跑到環保署溝通，他的心得，成為他最常說一句話：「要定期或不定期地做政策環評。」。

所謂政策環評，原本就是讓主管機關在訂定有影響環境之虞的政策前，可以有系統且全面性地進行「環境影響評估」。這個全面性的字眼，大大加強了「永續發展」的角色；因為這個法「重新審視」的精神，將提供一個道路，讓未來有志、有識者在千變萬化的時局裡，能夠提出前瞻性的策略，並且付諸實行。像是聖崇最常批判的一點：「我們在做環評『個案』時無法兼顧到的東西——就是『總量管制』並不包含『影響面』的部分。」舉例來說，像是在新竹科學園區裡面，當竹科一路往北拓展，人口增加之後，卻發現國中小

學的含容量不夠。最常碰到的問題，就是環境超載與大型公共建設的問題，我們可以看看「蘇花高速公路計畫」的啟示。

1999 年 9 月 21 日，九二一大地震改變了台灣的命運。當時，人們從廢墟中掙扎求生，百廢待舉。然而，過了不到 2 個禮拜，於 10 月 6 日，交通部推出「蘇花高環境影響評估案」，卻只經過一次初審，然後於 2000 年 1 月 23 日，在環評大會上通過，3 月 15 日公布。

在災難過後，如此重大公共建設（耗費數百億，耗時 10 年以上），竟以不到半年的時間火速通過環境影響評估，不是很詭異嗎？可是當時，災難的傷痛，加上選戰風雲，沒有人提出這個問題。

直到 2004 年，聖崇參加環境差異報告分析時，看到這個案子，才意識到：怎麼環境環差一次提出 10 項，就想改掉整條路以及交流道的位置？這麼巨大的公共工程，怎麼是如此隨便？聖崇覺得事有蹊蹺，於是回溯會議記錄。此時的聖崇像一個偵探，聞到了神秘與不安的氣息。

他帶著一副望遠鏡，進入蜿蜒的審查路徑，一調查之下發現——天啊！這個環評案居然只有一次初審而已？！還有，環評大會竟然是以「臨時提案」通過，且沒有審查環境說明書？！更令人百思不得其解的，猶如林肯大郡一案，怎麼在災難（921 大震）過後，立刻啟動極有可能危害東部脆弱地質的大建案？！三個像閃電似的大哉問擊中聖崇的腦袋。

聖崇自忖：「這個一定要擋下來，一定……」，他的太陽穴疼痛，雙手發抖，幾乎要把手上的文件給壓皺了。然而，仔細看看現實，整個環評已過，即將動工了，還有勝算嗎？

聖崇不氣餒，他堅信這麼不公不義的事情一定能擋下來，他要「替天行道」！於是，他心裡一聲開跑的槍響，就請柯建銘立委幫忙。一般來說，聖崇是不會隨便「拜託老朋友」的，因為他知道立委身負著許多權力關係網，可是這次，他實在不能忍。

柯建銘問：「聖崇啊！現在是自己人執政，何況這個案子已經定局了，你怎麼還在反蘇花高？」

聖崇若有所思地回答：「這是有理由的啦！你可能也沒功夫聽我說，你去叫張景森來跟我討論。」

一開始，這個議題的聲量當然沒有很大，只有環保聯盟花蓮分會的寶珠相挺，但是，張景森還真的來了！而且，還叫來了趙永清、蘇治芬、曹啟鴻等立委及其助理。

張氏首先發言：「環評已經在國民黨的時代通過了，你在反對什麼？」

聖崇隨即撲上前，像一個靈活的侍者，將會議記錄一一陳列在大家面前，「你們可知道怎麼通過的？」他將整個案子通過的方式完整地交代一遍。

張氏愕然：「有這種事？！」其他立委莫不睜大眼睛。

那場會議之後，張景森並沒有當場允諾什麼，但是他慎重地說：「我會想辦法。」接下來幾年，反對的聲浪似乎有所甦醒，只是被以政治手腕，一次又一次打回票。

直到最後一天，2008 年 4 月的環評大會，當時總統大選剛過，民進黨再過不久就要交出執政權，只現在還在其位。明明反對的聲浪已經到一個高點，環保署副署長張子敬卻以主席之姿，試圖強勢

主導讓案子通過。不少環委對國工局的報告搖頭嘆氣，不只老套，也迴避了不少重要提問。

當大家對這場會議悶聲抗議的時候，經建會副主委張景森，罕見地出席了會議。原本以為他會和政府態度一致，想不到他的發言像警鐘一樣，驚醒了不少人：「我認為新政府即將上任，蘇花高的興建與否，應該要留給新政府有決策空間。」他還強調，即使在「東部永續發展綱要計畫」（2007 年）中，蘇花高也都不是優先選項，加上一旦興建，雪山隧道的服務品質將降低，屆時會衝擊北宜的交通安全，因此，交通部應該要撤案檢討」。一旁張子敬副署長的臉，頓時綠了一半，隨後草草結束會議。

雖然這個案子在民進黨執政時期最後胎死腹中了，卻在馬英九執政時，以「蘇花改」的面目活了起來，可謂「借屍還魂」。直到後來，都是一路「變相」提案。

我們可以就聖崇當初傾全力阻擋此案的觀點，來為「政策環評」奉上敬意。當年還未有「政策環評」的程序出來，可是聖崇卻將該法「全面性」的精義落實得徹徹底底。並不是環評過了，就是死局；可能因為環境的變遷、思維的變遷，甚至是環評本身出了弊端，而必須重新檢討，以期做出最符合社會福祉的政策；這個制度是在一板一眼的行政程序中，一個打自己的臉頰以清醒的動作，它是以整體的和諧與世代公平為優先的利器，只是看我們怎麼使用而已。

雖然這個法充滿願景，可是看看當今的環境抗爭事件，不少卻反而透過「政策環評」來鬆綁原本環評的結果，這個殘酷的態勢，恐怕又是現在的社會運動者必須面對的恐怖破口，真是令人不勝唏噓！

Chapter

16

魚與熊掌

1974 年，蔣經國提出的十大建設中，其中一項，就是核能發電廠。當時，為了改善投資環境，走出石油危機，所做的公共事業中，就屬這一項，鬼影幢幢。因為，它看似是在不安局勢中的定心丸，人們的心裡卻充滿恐懼。

當時，第一座核能發電廠座落於新北市石門區，在 1979 年正式運轉。緊接著核二廠（位於新北市萬里區）也在 1981 年進入商業運轉，核三廠則是在屏東恆春南灣，緊鄰墾丁國家公園，也在 1984 年進入運轉。電量豐收，台電莫不強力擁護。然而，就在 1979 年，美國三哩島核電廠的二號反應爐，爐心熔毀；7 年之後，車諾比核災事故更是震驚全世界，這是歷史上最嚴重的核電意外事故，其所釋放出的輻射量還嚴重汙染到周遭國家（烏克蘭、白俄羅斯等等），因為這起事故，境外有 33 萬人民被迫遷離家園，後續的健康問題，代價之高，根本難以估計。

而台灣核四廠的興建，早在 1980 年就被當地的貢寮居民強烈反對，當全世界反核的聲浪越演越烈時，政府也不得不暫緩施工。

1992 年，立法院通過「解凍」核四的預算案。

1994 年貢寮鄉舉行核四公投，不同意興建者高達 96%。

1995、1996 年，立法院分別通過核四預算 1,126 億餘元。

1999 年正式動工。

2000 年以後，就在一連串的停工與復工的政治攻防中，協商屢屢破局。甚至，聲請大法官釋憲，解決行政院與立法院的爭執，當時朝小野大，執政黨想要扳回一城非常困難；最後，大法官還是確認核四原來通過的預算案具有效力，於是又在 2001 年宣布復工。

在這當中，民間的力量不斷凝聚，除了「核四公投、人民作主」遊行（2001）、蘭嶼發動「全島罷工罷課反核」遊行（2002）等等街頭示威，還有教育廣大的民眾有關核能的危險，也不斷監督政府、參加能源會議時舉牌抗議、爭取政治人物的承諾等等。

直到 2011 年福島核災，蓄積十多年的民怨再也忍不住了，2013 年的「終結核四、核電歸零」大遊行中，約有 20 萬人走上街頭；2014 年更有民主烈士林義雄以禁食的方式聲援抗議，各地的反核聲浪四起；2015 年《非核家園推動法》草案通過，且核四封存 3 年，我們似乎朝理想更近一步了。此後每年都有盛大的反核宣揚活動。

但是，就在 2018 年由擁核勢力「以核養綠」團體提出的「核能減煤」、「重啟核四」公投中，人們再度被虛偽的承諾矇上雙眼，廢除《電業法》第 95 條第 1 項制定的，要求核電設備必須在 114 年以前全部停止運轉。這一次挑撥離間，是一場大傷，又把指針往回

撥至少 20 年以上。

「以核養綠」團體試圖以缺電及空汙等問題，並假借扶持綠能的空洞承諾，將大眾的恐懼化為選票。事實上，這正是思想家阿爾伯特・赫緒曼爬梳政治經濟史之後歸納出的「反動修辭」之一：「危害論」，危害論的中心題旨意即：新的改革會犧牲掉已經達成的社會進步，而以這起公投事件換言之，即「核四的廢除，將會損害目前的經濟成就以及綠色能源的未來」，反動派於是披上進步的外衣。

這是歷史的情境差異，其實，從一個階段進入到下一個階段的路途，絕大部分是不平順的，人類即使走到現在，有些新穎的的決定還是散發著封建的氣息。但核四的運轉，絕對是一條死胡同，太多悲劇已經預示過，如同寫下《車諾比的悲鳴》的亞利塞維奇說的：「『紅色帝國』已經消亡，『紅色的人』卻留了下來，依舊存在。

要提醒一「群」人，命運的鋼輪已經換上另一個軌道，是必要的，因為這攸關我們往後一連串的選擇。整個鋼鐵產業之所以能在全球鋼鐵過剩的情況下，仍大發利市的原因，在於政府授與能源的「特權」，而特權與生命的衰弱成反比，常常要用到幾代人的精力剷除，可是一旦抓到特權的破口，消滅它或許不用到一口氣那麼長。

1995 年，聖崇參與台中反海渡電廠一案的時候，就在最後一次環評大會上，質問公衛專家林瑞雄：

「電廠的設置，對居民的健康有何影響？」

要知道，聖崇選擇臨近散會前的逼問，是因為此人，身為台大

核四遊行走到總統府，鐵絲網前一排鎮暴警察。

公衛院院長的環評委員，竟沒來參加初審，也對環境影響評估報告書不聞不問，然後在大會上安靜得像一幅肖像畫裡的人物。當時由清水、梧棲兩鎮居民組成的「敢死隊」強烈反對，而聖崇早在初審時即知悉，對方連自然資源的基礎調查都沒做好；而且，他敏銳地意識到，若日後要究責空汙的問題，可能只會看到兩個長舌婦說著好像跟自己無關的事——一下海渡電廠怪中火，一下中火怪海渡電廠（那時有桂裕電弧爐鋼廠）——而沒有人負責；空汙底下的人民，相形之下就只像個白痴，聲音裡充滿憤怒，說的內容卻毫無意義了。

聖崇深層的憂慮，事實上隱約點出接下來反核遊行中所對抗的「非必要之惡」。

在海渡電廠環評案期間，聖崇前往高美溼地拍攝。

　　1995 年，環保團體舉辦「終結核武，拒絕核電」國際反核大遊行，近 3 萬人共襄盛舉。隔年台北市長陳水扁履行競選承諾，舉辦核四公投，結果顯示，投票率 58%，其中反核佔 53%；隨後，立法院院會決議「廢止所有核電廠興建計畫」，然而同時間，台電仍在標案，藐視國會。然後，環保聯盟再次街頭起義，舉行 1 萬人的大遊行，反核行動聯盟也接續在立法院前靜坐，而鹽寮反核自救會則組成義勇軍進入核四廠抗議。但之後，經濟部召開「全國能源會議」，最後官方又企圖增加核電機組⋯⋯

　　以上，只是台灣反核運動 40 年當中的一塊碎片，而且還算是平靜的，但你已經可以感到一種夸父追日的疲累，以及鬼影幢幢的焦

1995 年的反核大遊行，由林義雄帶隊徒步環島，照片中為人民作主團隊，一群堅貞靜默的志士。

2000 年的反核遊行聲勢浩大，期望在千禧年之後有所改變（林聖崇 攝）。

慮。40 年可以算是一個人的一生了，這期間，有許多嬰兒出生，開始熟悉前人留下的業障；也有許多耆老逝去，不少未竟的奮鬥成絕響。而聖崇一直在這場戰爭裡，他看著許多人變換了位置，有的從騎士變成強盜，有的從劊子手變成神父，有的人形象逐漸模糊，宛若死水，有的人越發有血有肉，總是靈光乍現──而聖崇自己，在不知不覺間已經變成童話故事裡天真的小孩，從人群中跳出來，揭穿國王的新衣。

這件新衣就是鋼鐵產業與電廠勾勒出的圖像，卻從來沒被認真看待過。聖崇提及，每次討論到核廢存廢的問題時，台電總會率先發難台灣缺電的問題，可是，台灣真的缺電嗎？攤開各途別的用電統計，我們可以發現，「住商」用電只佔總電量 4 成，「工業」用電佔 6 成，而在工業用電中，中鋼及電弧爐煉鋼廠又佔大宗。

然而，檢視這些「大戶」，他們卻享有比民生用電更便宜的電，這會造成什麼問題呢？台電澄清，是因為成本較低的關係，可是台電卻刻意忽略這些「一貫化」產業的特性。

通常用電有分離峰與尖峰時間，離峰的電費較便宜；而以中鋼及電弧爐煉鋼廠 24 小時的運轉來說，他們不只用便宜的電，還成了離峰時段的大戶，使得台電不得不再啟動高成本電廠應付，這些都將變相轉為他們的利潤，也成為電價補貼的事實，讓他們可以持續以極低的成本生產鋼板，不畏全球市場的蕭條。

近 5 年來，中國過剩的工業產能懸而未決，美國抨擊、歐盟警告，中國的問題對全球生產者造成壓力，能源產業大裁員。有一句傳聞說，「種白菜的利潤都比煉鋼好！」事實上也發生過印度的鋼

鐵廠脫手轉賣給投資公司，僅以象徵性 1 美元為代價，關火的煉鋼廠不計其數。而台灣卻沒有走在這個趨勢裡，甚至，環保署還跟著業者「更新設備」的腳步來修改《空汙法》，表面上更加嚴格，但實際上是自棄了「監督」的量尺；另外，有害事業廢棄物，諸如爐石、爐碴、底碴、飛灰等，因來源不同，毒性也迥異，被業主及回收業者刻意忽視，如今「被消失」在全台各地的山谷溪澗，甚至在農牧用地及魚塭周邊也大膽傾倒，逼得民間不得不組成「緝毒大隊」，冒著生命危險揭發計謀，把一切攤在陽光下。

如果我們真的想邁向「非核家園」，勢必要「節約用電」，但斧頭並不是揮向芸芸眾生，而是針對這些「非必要」的高耗能、高汙染的鋼鐵產業；「非必要」是因為一來，台灣是海島型國家，自然條件無以負擔，二來，全球鋼鐵盛產已持續多年，不需要台灣榨乾自己來「加量不加價」。

台灣可以適時調整產業政策，而且其實不用苦惱太多，光單純以「同理心」，以符合「公平正義」的價格售電給高耗能產業，他們自然會隨著世界局勢消泯，或被資本市場淘汰，甚至轉型，亦即「小政府、大市場」之效。而當台灣不必再拚命攢電給「大戶」用，也有更多的餘裕關照人民，以合理對待的方式，逐年下修電價；同時，核電之「無用」也會越發明顯，最後只能對再生能源巴著眼瞧。

1970、1980 年代，台灣經濟方能起飛，必須感謝石化、鋼鐵產業的奉獻，這是鐵的事實；但是，就像爬山一樣，走到了山頂，能不下山嗎？登峰造極之後，註定是走下坡的啊！強盛的年代已經過去，阻礙我們的，只剩下我們對世界、以及對自己停滯的想像。進

一步來說，我們必須選擇屬於自己的正道，找到自己的戰鬥位置，因此必須有所取捨，不能老是揪著舊夢不放——一句老話：「要解決問題，必須先正視問題。」而這幾乎決定了我們要成為什麼樣的人，天賦只是百分之一的變數。

談到個人，就不得不提到莎士比亞的悲劇《哈姆雷特》的啟示：一切複雜情節底下，其實故事主旨都是很簡單的。什麼鬼魂、裝瘋與殺人計畫只是故弄玄虛的表演——一根從不引人注目的木杵——一次一次撞擊哈姆雷特這個大鐘的基本性格，真正的用意是讓行動成為如雷的共鳴。因此，反過來說，我們常常以為自己承擔了許多困難的角色、爬到了某個高尚的地位，就想要丟棄初衷的道德配方，但你會發現越是糾纏其間，越不能迴避身而為人最基本的問題：生存或毀滅？

聖崇在反竹科汙染的時候，就漸漸發現有一群人，明明森林大火已像猛獸，拔山倒樹而來，但他們仍泰然自若地拿起望眼鏡，尋找火點。在研討會裡，一個年齡相仿的竹科經理坦言：「我死了沒關係，但我兒子不能死。」聖崇聽了很傷心，但令他更傷心的是，除了這句話以外，就沒有人挺身講述自己處在汙染環境中真正的感覺，包括臉上貼著閒雲野鶴的退休人士。

當年抗爭的時候，有些在竹科工作同時是鳥友的人，不願意一起站出來；也有些中鋼的人喜歡賞鳥，卻不願意談鋼鐵產業的惡形惡狀。他們支持著鳥會的運作，發行刊物，也販售望遠鏡；他們捐錢給環保團體，逐漸地，即使環團「發火」，也只罵到火力發電為止——也就是說，「理想性」維持在某一個程度而已。

　　你可以想像一個人，走在像防火巷那樣狹窄的空間裡，抬頭會發現：天空被兩面高牆剪裁成藍絲帶。代表自由與關懷的藍絲帶仍然是好的，可是你明明可以有寬闊的藍天，為什麼不要？

　　這就是聖崇長年鼓吹的機制：環保團體必須有願景，寬闊的願景。所謂願景，就是藍天，可以自由馳騁的理想性；而藍天的背後，必須有宇宙中目前最堅實的步伐撐持，也就是人類從古至今累積而來的智慧或知識系統，以實際一點的意義來說，就是「智庫」，也就是社會上，由各行各業、學有專精的菁英組成的「航空母艦」。

　　這間接呼應到聖崇在立法院辦公聽會時，以一個議題旁敲側擊各部會的精神：每一個問題都是牽一髮而動全身，而每一個解決方案絕不是只關係到一個面向，像一個三稜鏡，一束陽光穿透之後，色散成七種顏色，呈現給不同光譜底下的人。

　　這一點非常重要。我們可以觀察當代環保團體發展的態勢，從早期的眾志成城，到現在已經分化到各種不同類型，這還不打緊，在同一種類型裡，又進化到不同的意識型態。這不只稀釋了戰鬥力量，也改變了戰鬥位置，從弱化的願景中降到「菁英」的階層。所謂菁英，是闡釋願景的人，可以是學術語言；但願景本身是社會語言，目的為世代打造烏托邦，凝聚眾人的力量，所以兩者的位置、所說的話必須清楚劃分，然後一起戰鬥。

　　上述的航空母艦，其實在歐洲已經實施多年，正好契合聖崇的理念。2002 年，歐盟旗下環保部門的基金會秘書長來台，在一次的聚會中，聖崇學到歐洲經驗。秘書長說，他們是獨立的基金會，不被任何國家控制，而在整個聯盟的總預算中，根據法律，一定會有

一筆款項撥給他們；他們的工作是審核歐洲各地的環保團體所提出的計畫，一旦通過，拿到補助後，就能邀請學者專家進行研究。換句話說，對人民而言，這些研究將獨立於國家與企業，它是由一個被「總體」所認可的錦標，所做之事，也將服膺於總體的福祉。對於研究者而言更是樂見，因為它不會被某個立場干擾、綁架，也不會像香山綠牡蠣事件中的「論文」導火線一樣，成為眾矢之的，更不會被當成聽話的棋子。

其實，「願景」就是試圖回答生存或毀滅的重要人士。你會發現很弔詭的一點，一群人努力想回答「一個人活著的價值」有多麼困難。歷史上最失敗的例子莫過於共產主義，因為它的理論基礎就是「毀滅」——假定現在是「虛空」，「真實」只能投射在未來裡完成——以致於每個人都能幻想全世界，前仆後繼之後，每個人也變成幻想中的一粒泡沫。還有許多為價值奮鬥的例子，有些已滅絕，有些尚在實驗；而在聖崇秉持的價值，之所以會堅持「環保團體／智庫」的模式，不只是半路聽來，在過往大大小小的戰役中也心有戚戚。

Chapter

17

森之棟樑

　　思想家阿爾伯特・赫緒曼曾指出，現代人使用的語言深受進步信念的影響。當這個進步的信念獨立出來，作為一個原則反過來控制人類時，那它就從此遠離了它的正當範圍，變成一種內亂或野心的掩護。

　　「進步思想」進入 20 世紀之後，逐漸變成一種反動的、過激的行為，我們卻渾然不知，還一味地相信只要跟著時間前進，人間的情境終將改善，如果回頭的話，必然引來災難。

　　真正的災難是我們精神的秋天。

　　當我們拋棄了、摧毀了永世的基地，那我們還靠什麼前進？

　　這個永世的基地並不難理解，因為它纏繞著我們的深層記憶，它的名字叫做原始（天然）林。在我們的祖先未出現以前，天然林即已存在。天然林是無價的，因為它擁有獨一無二的生命本質；天然林也是唯一的，一旦殞滅，人類永遠不能彌補；天然林更是神性

的，因為它住在台灣島百萬年來，已與島嶼的性格與命運纏綿一起。台灣人文化的泉源就是它，而人們談起保育的終極目標，也是以它所孕育的原生生物歧異度為最高境界。

我們不難想像地球在冰河時期，生物頻繁南北往來的過程中，多少生命寄居於此、流浪於此，或安居於此。這塊曾經「生文」薈萃的寶地，若就短視地以經濟效益而論，也是遠大於摧殘之後的矯飾，無論是涵養水源、地力調節、淨化大地，還是提供動物棲所，永遠是最佳的、人類做夢也想不到的伊甸園。

半世紀以來，台灣低海拔山區、丘陵台地天然林已經全面棄守，這是最大的、萬劫不復的錯誤。然而，我們以社會運動全面搶救，也只是碩果僅存的寬慰，無異於悲愴。

一個新的理念或價值對抗的，往往是十年、百年，甚至是千年以上的傳統；一個新的制度要革掉舊制的命，常常只需要幾個為數不多、意志強悍的人──要進入台灣環境運動史上空前絕後的變革之前，最好有如此心理準備。

然而，真正參與其中的人，根本沒有力氣思考這些。他們一念精純，緊盯著那些蠻橫之徒硬向前衝時，頭顱撞上自然地體而凸起的腫塊。

這場變革，也就是森林運動，幾乎像貝多芬〈命運交響曲〉的開頭那樣沉重卻振奮人心。這一場運動，從 1988 年斷斷續續延伸到千禧年以降，在聖崇從事公義活動的歲月裡，也具有承先啟後的重

大意義。

　　當年抗陳，首先由賴春標發難。他於 1987 年 9 月 5 日在《人間雜誌》發表〈丹大林區現場砍伐報告〉，控訴業者違法濫墾、屠殺檜木林的行徑，震驚社會；隔年，在全台百位教授的連署下，發起森林運動，由綠色和平工作室林俊義帶領，吹響改革號角。而當 1989 年台灣綠色和平組織正式成立時，便延續去年的運動能量，於植樹節再度發起第二次森林運動，「1989 搶救森林大遊行」，廣邀各界人士參與。林俊義教授就回憶道：

　　「我們步行至林務局前面，演出官商勾結、濫墾森林的諷刺劇，同時遞送抗議書等……當我在描繪林務局是『砍樹局』時，很多關心森林的朋友們很激動，對著官員咆哮不斷，要求立即回應。」

　　持續 4 個月的呼籲，透過公聽會、民間宣講、撰文刊報等活動，終於讓政府宣佈「禁伐全台天然檜木林」，且一舉讓林務局改制成「公務預算」，結束長年來的「伐木養人」政策。

　　遊行的路上，穿著綠色背心的兒童，在父母的陪伴下，將自己裝扮成大樹，搖搖晃晃地走著。雖然現場宛如嘉年華的熱鬧，但聖崇看著這些靈動的孩子，天真地撐起國土莊嚴，仍震撼得頭皮發麻。

　　1991 年的抗爭，更進一步促使政府頒布「禁伐天然林」的行政命令，有了這一措施，才算真正保護了台灣本命土的生機。但這一步的痛，宛如母猴捧著幼猴冰冷的身體，哭斷了腸。

　　這次的抗爭發難於生態學家陳玉峯教授的仗義執言。當時，有鑒於社會大眾尚不知伐木營林等「顛覆性」犯罪，且一究責政府又有「學者」當靠山，模糊是非。於是，生態學家陳玉峯決定直搗黃龍，

透過內線消息，帶著東海大學 5、6 名學生前往六龜屯子山，在孕育著珍稀闊葉樹種的保安天然林中，陳氏當場逮到林業試驗所以「試驗」之名、行「伐木」之實的違法事證。

光是看著工人挖鋸台灣櫸木的樹頭，就要耗費五天。那五天，不知是雨水還是淚水流布在陳氏的臉龐，他是植物學家，他看著兩位伐木工人以五天的時日，挖掘，然後一一斷根，放倒一株胸徑約 1.31 公尺的台灣櫸木大樹。一顆種子從萌蘗到撐起天空的漫長歲月，他感同身受，何況千百年來，「台灣第一闊葉樹」珍稀台灣櫸木，牢牢捍衛著高屏溪上游的溪谷；這一幕長鏡頭，他彷彿看著心愛的家人被分食，自己的靈魂則被挖了大洞，但他只能握緊拳頭死盯著，因為，必須將犯罪的證據搜集得「無懈可擊」。

古時有羅馬帝國暴君尼祿，需要藉著焚燒基督徒的光焰才能上床就寢；現代則有獨裁者希特勒，非得屠殺百萬猶太人否則不得安寧。林務局及林業試驗所這群「樹的專家」，卻長期靠著對樹木進行「種族滅絕」而大發利市，甚至，還曾傳出某位林務局長信誓旦旦地說：「我們要把大多數台灣原始『無用的雜木林』剷除，換上『林相整齊、生長迅速』的外來樹種云云。」他們所指的「雜木林」，其實就是蓊鬱的「天然原始林」；他們聲稱的「經營、管理森林」，就是對森林進行「種族清洗」，然後「賤賣屍骨」。我們不會忘記紐倫堡大審的歷史地位，我們也不能忘記「禁伐天然林」行政命令對土地的弔唁、對無數綠色冤魂的平反。

之後的兩個月，陳玉峯教授與環保團體對政府進行猛烈攻擊，陳氏的文章像機關槍一樣橫掃林試所、農委會，以研究、文學、評

論、控訴等形式的文字散落在五大報中，加上幾次記者會、聽證會與座談會曝光，終於將禁伐的聲勢拉到最高。甚至有一次，陳氏孤人與政府派出的百名「伐木系」專家辯論、對罵，陳氏光以「為何一定要砍原生林」這一點，就辯倒百年來的學術上的森林理論、神話。在這次辯論後不久，政府終於抵擋不了社會輿論，責成「禁伐天然林」的行政命令。

經過一連串的森林運動，以及從中學習到的生態知識，聖崇逐漸體會到，無論我們如何了解「汙染的程度」，我們訂下什麼責罰，我們逮補了哪些不肖之徒，當自然生態系被摧毀的時候，我們一切的規劃、想像，甚至像菸頭的火光那樣小的生存願望，都不可能實現。

雖然守住了天然林，但俯瞰台灣山地，已經可以看到一片一片正在腐爛的土地。陳玉峯教授曾推算，茶農每淨賺 1 塊錢，整個社會將付出 37 至 44 塊錢的社會成本；當時，從淺丘到高地，乃至中央山脈的脊嶺，可以看到蔬菜、水果、茶、檳榔、花，甚至是畜牧業的蹤跡，砍伐原始林之後的農業上山，就是災難的開始。

另一個問題則是「水泥東進」，當時的產業政策強調台灣不能沒有自足性水泥業，而直指花東為最宜開發的地方，甚至要求各單位護航這個提案；但與此同時，黛特颱風與紅葉災變大大打臉了這一廂情願的開鑿。聖崇有幾次履勘東台的經驗，就是因為當時要設置和平水泥專業區以及在花蓮溪設置河底隧道的緣故。對照今日地球公民基金會勞心勞命推動的《礦業法》修法，聖崇在 30 年前，就曾經思考過如何讓水泥在台灣斷根。

花蓮新城山亞泥礦場。（陳玉峯 提供）

1990 年黛特颱風帶來的土石流，淹沒花東鐵路，土石灌入二號隧道，據說清理工作耗時一個月有餘。（林聖崇 攝）

　　我們必須先有個概念是，台灣早期禁止進口水泥的時候（1970年代），國內的水泥業是被壟斷的，通常是被黨國高層以及少數富豪大亨把持，像是高雄議長陳田錨就跟台灣水泥、東南水泥、國民黨中常會等，然後發配下去市場的，因為數量有限，據說，想拿到的人還得先送紅包呢！

　　後來開放進口，台灣的水泥產業也沒有被外國市場中較便宜的國家擊倒，這是為什麼呢？聖崇分析，殆因當時立法院以 17 票比 1票通過「從價課稅」的緣故，如果當時以「從量課稅」，就有機會

賀伯災變（陳玉峯提供的空拍圖，當時聖崇也坐在同一台直升機上）。

讓水泥業垮台，台灣的礦山也不用擔心要被挖到何年何月了。

在網路科技尚未普遍以前，我們不曾真正「全面控制」某種勢力。法律所謂的「禁止」，事實上暗潮洶湧，隨時可能在下一次的角力中翻覆，或是，用另一種型態現身。

1994 年，林務局再度出手，進行「林下補植」，非得要改變天然林的自然狀態否則不罷休。經鳥友告知，陳水扁辦公室的助理羅文嘉與財訊記者雷壹閑，乃隨陳玉峯教授前往郡大林道揭發，同時開公聽會聲討。與此同時，退輔會的手沒有閒著，農委會的筆還在躍躍欲試，巨大的伐木派勢力正在摩拳擦掌，對所剩無幾的天然

林垂涎著，四處找機會反攻。

　　1996 年，就在退輔會這群人準備好所有文件，準備要毀掉「禁伐天然林」這則行政命令的時候，賀伯颱風來襲。

　　這個百年難得一見的強颱，造成全台嚴重災情，南投縣水里鄉、信義鄉、鹿谷鄉山洪爆發，多人遭活埋。台灣綠色和平組織聞訊，也去看新中橫的災難現場，土地的瘀傷像電擊一樣烙印在聖崇的腦海。

　　賀伯災變重創了濁水溪上游，其中南投神木村或許較為眾人所知悉。聖崇也和陳亮全、馬士元等人上去看過。聖崇先是看到土石流衝上集集攔河堰（1996 年正在建造），本體的鐵絲被衝彎，景象

沿著陳有蘭溪、和社溪一路往上游走，會看到土石流幾乎形成一道道土牆，沖毀了道路。

驚怖。再上去到神木村，該區擁有全球最高的樟樹屹立於此，也有連綿的土石流遺跡橫亙於此，前者是低海拔森林保護土地的魁梧大將，後者是台灣地體輪迴的本命，來到這裡，幾乎可以感受到台灣島的危脆與堅韌。但人類總在災難過後，才意識到這種混沌又矛盾狀態。

事實上，早在 6 年前，1990 年黛特颱風來襲，聖崇就多次前往災區勘查，災難的影像讓聖崇的心弦應聲扯斷。那是賴春標在第一時間拍下的，就在中橫峽谷燕子口處，一棵大樹的屍體橫亙在道路中央，如果你夠細心的話，你會發現那並不是從山上滾落下來的，而是溪水暴漲之後，河水高

神木村的千歲樟樹神木，賀伯災變後，土石流掩埋至其基腳。（陳玉峯 攝）

過路面而「沉積」的殘留物。你可想像在滾滾泥流中，夾雜大石頭、大樹頭、屋舍的碎屑、汽車等巨物，互相磨爛、攪爛，同時摩擦著地體嗎？宛如冰河走過的強大摧毀力，將地面削成平滑曲線，那塊突然出現的大樹塊，令聖崇感覺到大自然「亦能覆舟」的殘酷。

這一場災變，讓原本想要重出江湖的退輔會縮回暗地裡，殘破的山河讓輿論回到保育派這邊，承上天垂憐，非得以這種方式警醒人類，不知道是幸，還是不幸。

左｜溪水暴漲，將樹木的巨大屍骨沖到路面，圖為賴春標拍攝。
右｜聖崇拍攝土石流現場（1990.9.28）。

　　然而，好景不常，兩年後，退輔會森開處被發現「假借保育之
名，行砍伐天然林之實」，此舉形同敲響戰鼓。當年由賴春標發現
他們以「處理枯立倒木」的名義，逃避禁令的漏洞，在棲蘭山明目
張膽地砍伐扁柏純林活木；緊接著，聖崇與悟泓法師兩度前往台中
找陳玉峯教授商討對策；最後，在年底在進行會勘並與主管機關對
話之後，雖然官方振振有詞，但不公不義的事實擺在眼前，還是揭
竿而起。

潰爛的土地。

在蘭陽溪上游、台灣東北半壁上，攔截東北季風的水氣而終年溼潤的雲霧中，孕育著象徵終極圓滿的生態系——扁柏純林。現存的檜木屬植物約 6 種，僅見於北美、日本及台灣，它們自 2 億年前就存在，隨著冰河時期南遷台灣，然後，在台灣島 250 萬年的演化中，在地種化，形成獨步全球的檜木林。

雲霧帶中的紅檜巨靈。

也是撞到月亮的樹台灣扁柏。

俯瞰台灣最後一塊淨土：棲蘭檜木原始林。

然而，在日本時代及國府時代短短不到 100 年的開發中，前者從發現到大開採，在不傷及水土的情況下將美林掠奪乾淨；而後者像餓鬼一樣，不分青紅皂白，吞噬所剩不多的保安林。所幸，直到全部殲滅之前，有「禁伐天然林」的符咒壓制住他們的行動。

事實上，以永續的觀點，所謂「營林」，應該是要針對

歷來伐除天然林之後的「人工造林區」，以百年的輪伐期經營，但林物局及退輔會卻丟著不管，反而非得置天然林於死地不可，編造出許多假的更新理論來「合法」砍伐（林相改良、林相變更、林下補植、複層造林，連同這次的枯立倒木事件都是）。其實說直白一點，就是砍伐天然林「好賺錢」罷了，尤其是「檜木林」！陳玉峯教授寫道：

「以柳杉林來說，每公頃砍掉的柳杉直接成本是 5 千元，但砍出的小徑木只能賣 3 千元……數十年來台灣的木材生產與加工只習慣處理巨木，對小徑木一向視同敝屣，偏偏台灣林地只能營出『小徑木』！」

眼看著千年的巨木像一塊肥肉，即將落入虎口，聖崇著急得像熱鍋上的螞蟻。8 年前（1989 年）他只是在遊行中的無名小卒，而現在，他已經有了見識，也累積了不少人脈，是時候集結起來了！

就像古時候在邊疆的烽火台，當敵人侵略的時候，就會一個一個接連點火，召集各路諸侯；聖崇的策略還是以遊說為主，帶著陳教授以及弟弟聖哲，先去拜訪新竹縣長，再北上拜訪桃園市長呂秀蓮。8 年前，當環保團體在反農業上山的問題時，呂秀蓮指著桌上的水蜜桃說：「我知道你們要保護森林，但這顆是人家『送來的』，我到底要不要推廣？」這次，她曉以大義。連同呂，還有另外五位縣市長也參加連署；緊接著數千人齊聚台北市，參加「為森林而走」大遊行；年底，舉辦「為森林守夜祈福」遊行，呼籲全台民眾加入搶救行列；隔年，搶救棲蘭檜木林聯盟再次到監察院與農委會陳情，而農委會正式宣佈棲蘭第三期計畫停止，現行伐木至該年 6 月終止。

左｜聖崇（左一）帶杜文鉿（左三）、陳玉峯教授（左四）、弟弟聖哲（左四後面）等友人拜訪
　　新竹縣長林光華（左二）。
右｜聖崇偕陳玉峯教授、弟弟等朋友拜訪桃園縣長呂秀蓮。

會面結束後，呂秀蓮決定加入連署，聖崇與老戰友陳玉峯露出久違的微笑。

「森林祭」遊行現場,舉重機吊起一個個枯木,彷彿一支支引魂幡,如果檜木的亡靈尚未走遠,還有一絲希望呼喚回來,這次在台北市政府前抗議,數萬人前來示威。

男女老少無一缺席,這是台灣土地生命力的感動。

「森林祭」記者會。

聖崇前往「1999 森林文化年說明會」宣揚
檜木文化。

在這一連串的遊行、記者會、陳情、辯論等戰鬥中,聖崇也曾單挑一次,是由農委會安排民意代表及媒體記者前往棲蘭勘查的機會,因為搶救棲蘭檜木林聯盟質疑這次會勘只是作秀,遂僅由聖崇前往。

集木柱輻射出去的線纜,將天空割成好幾塊,在午後的雲霧中,聖崇每一步走得戰慄。你可以看到一堆一堆木材,頭尾還是鮮紅的剖面;也可以看到殘存的樹頭上,較瘦弱的小徑木潰散著,一旁還凸起一隻舉重機,傾斜著機身靠近——聖崇不知道這些神木將如何對抗這次的「十面埋伏」,而且他早就知道,台灣林業已經沒有經營的價值了,以全球的眼光來看,光是從種苗、整地、疏伐及林道養護所需要的成本,就比國外來得高了,台灣的山是又高又陡、水土脆弱——聖崇會這麼想,是因為他的弟弟住在加拿大,聖崇知道那裡森林廣袤、平坦而易達,隨處可見,所以砍樹並不是迫在眉睫的問題,不像台灣的環境那樣緊張,一旦開發,生態系就會像氣球一樣一戳就爆裂,為什麼、為什麼就是不能停止這種自戕的非理性行為呢?

此時,原以為情勢反轉,想不到農委會使奧步,企圖再打臉自己,於是大家又卯起來應戰。這次,將由立委來「抽銀根」結束這一回合。

當街頭的呼嘯不曾停歇,立院的遊說也不曾間斷時,雙方抗衡到最後,終於正義與邪魔在立法院對決。當時,立委謝啟大伸出橄欖枝,邀請陳玉峯教授前往立法院上課,演講〈從棲蘭古木保育案談國土規劃〉,提出檜木國家公園的規劃。陳氏講了一整天。感恩

檜木的屍骨。

集木柱與集材機。

檜木屍塊堆疊在路邊。

台灣眾神，這群人總算有聽進去。

聖崇的記憶中，就在國會質詢的那一天，全部 43 位立委，總共有 22 位提及搶救棲蘭的事。在有限的質詢時間中，能咬緊違法的事實追著退輔會跑，著實不簡單；從來沒有被這麼多立委審問過的森開處李處長，於是傻在那裡，什麼都回答不出來。這個「圍堵」的策略看似順利，事實上經歷一番苦心經營。

首先，當然是陳教授以生態知識建立好立委們的知識基底，這個最為重要，期望能在層次更高的思維上決定台灣的未來；但在質詢當天，任何突發狀況都可能壞了一切，於是，第二層防護網就是由聖崇死守會場。

聖崇勘查棲蘭山的途中，回到羅東林管處時，聲援森開處的員工正站在鐵棚下，他們仍希望這個制度能繼續運作，但他們身後堆放的，已經是台灣最後一批天然林的紅檜扁柏了。

勘查棲蘭山完畢，回到羅東林管處接受記者採訪。

《全國搶救棲蘭檜木林運動誌（上）》、
《全國搶救棲蘭檜木林運動誌（中）》。

當天，立院主席周錫瑋就睥睨著說：「林聖崇，你不是立院助理，你是環保團體，不要在立院走動！」

聖崇一邊不甘示弱地，亮起口袋的助理證說：「我可是柯建銘的助理呢！」

他一邊發著手中的《全國搶救棲蘭檜木林運動誌（上）》給立委，一邊盯著所有人的進度，好像幼稚園老師，一個人要顧全場 4、50 個活蹦亂跳的孩子。這本書，集結了搶救棲蘭檜木林的運動始末以及檜木林的生態的諸多文章，裡面的論點很多可以當作質詢的武器。聖崇還細心地劃好重點或摺頁，讓立委們可以即時看稿發揮；有些立委忘記帶書，聖崇也發新的、有做好筆記的書給他。聖崇的手心都是汗，在大廳的階梯上如坐針氈，他心裡知道，要擊敗這一群軍系出來的人，沒那麼簡單。

聖崇在立法院的名片。

　　終於，皇天不負苦心人，最後決議將退輔會森開處改成公務預算，而且刪掉 4 億的經費，另外 6 千萬當作國家稅收，終於擊敗了對手。接下來，就是成立國家公園，下一個階段的挑戰了。

　　然而，也是另一個全新的問題。就在籌備馬告國家公園的時候，遭到原住民立委強烈反對。當時原住民族的自治運動正如火如荼地展開，有不少原住民立委主張先修改《國家公園法》，再往下研議；然而，原住民權益固然重要，卻可能在倉促修法的情況下削弱保育的強度，而且細數歷史事件，雖然原住民族曾經被政權剝削很多（如蘭嶼核廢料、紅葉災變等），但也有一些自甘墮落或被利用的原住民，假借公共事務卻大肆獵殺，因此，不能迴避原住民族中良莠不齊的事實。這一次的阻擋，直到後來立委高金素梅的崛起，才又讓整個國家公園的規劃沉寂下來。

　　其實當時，國家公園副處長林義野及民進黨立委巴燕達魯也曾與聖崇一起商討，要如何規劃「馬告國家公園」的事情。聖崇根據原住民自決的理念，認同應該關懷原住民的就業機會，提出馬告國

家公園的處長或副處長，至少要有一位由原住民擔任；而巴燕也說，原住民很多做法上也要改變，我們也應該要知道如何在現代社會中生存。

聖崇在這場運動中，再一次抱著森林呼吸。第一次的相識時在郡大林道，他還只是小嬰兒；可是今天，他去了棲蘭山 130 及 160 林道收集檜木的眼淚，他去了台大森林系主辦的研討會和陳玉峯教授一起對嗆農委會的人，他甚至在立法院奔走──有那麼一點點影響權力核心的能力了。

上天絕妙的諷刺，就是連好幾代生命的死亡都能製成表格統計。

聖崇手中捧著的報告書、陳情書、連署書、乃至他自己收在皮包裡 40 年來幾度重新設計的名片，他都珍藏著，可是這些語言、這些陳詞，在那些記錄生靈傷亡的數字面前，根本不能代表什麼意義。意義在於表達。聖崇出手，是全心全意地投入。他了解金錢只是一種思想形式，最終一定跟經濟世界一起消亡；他洞悉市場的力量，所以總是帶著方案阻撓著政商挖空心思的非理性行為；他在乎人間的活水源頭，所以無論在什麼場合都以執政者的眼光針砭時弊──最難得可貴的是，他看著事件的變化，成為事件本身。

這有什麼困難？以人類思考活動來看，非常困難。

整場戰役，或說連同八年前的抗爭，你可以發現很大的阻礙位於伐木派縱橫 21 世紀的神話，他們很多是研究者，遠比任何人都要親臨自然。可是，為何動輒心智思考過後的結果，卻大大違逆現實？亦即，他們明明也是對因果關係進行「探索」的，可是他們卻設計了問題的定位與回答方式，然後完全失去說服力。這幾乎是犯了思

考活動上的大忌，當然，也是常態，哲學家漢納・鄂蘭就曾經對這個現象提出批判：「思考無可避免地，從常理表象世界遁離，對自造的結果有自我摧毀的傾向。」

人類因為能思考，所以和其他的動物不太一樣。我們可以從錯誤中學習，我們有美感的判斷力，我們能從事物中萃取養分，我們能用自己的能力「顯現」生命經驗的任何獨特性，等等。然而，相對的，思考活動還有一個常被忽略的特色就是「遁離」，「遁」是隱藏自己，「離」是脫離表象，你可以發現這中間就消失了「責任」。在客觀現實裡，隱藏自己並沒有不好，可是我們有能力讓自己不要脫離表象。因為表象才是進入真實世界的橋樑，舉例來說，達爾文要發現「演化」的存在，就必須仔細觀察加拉巴哥群島上的 13 種雀鳥的鳥喙有什麼不同，所以表象是所有躍升的基礎。

把握了表象，我們才有可能避免，萬一有一天，我們走到理性的盡頭時，卻仍然以理性為「劍」、以激情為「盾」前進，以致於到最後完全失去智慧之愛。哲學史中，形上學的死亡就是這麼來的。而「智慧之愛」，就是最初蘇格拉底所堅持的，以「無知」為「看見」，然後對真實世界進行意義的探索；他縱然「知」的程度永遠不可能涵蓋探索的對象，可是他的提問，扎扎實實地進入了知的對象，這也是為何他在被迫喝下毒酒以前仍不肯向貴族低頭，他坦蕩的樣子像風中的閃電。

回到伐木派的神話。我們不難想像天然林在他們自取滅亡以前可能已經全數覆滅了，時間會說明一切，但是就如同陳玉峯教授所說的：「森林比他老死得還要快。」我們不可能用真實的土地去換

一堆白日夢，若以功能論者的角度，下游成千上萬的城市，還得仰賴上游這群綠色精靈的守護呢！

　　如果仔細爬梳聖崇的學習之旅，他對森林、生態的瞭解，幾乎是從「無知」開始的，可是，他的思考活動從一開始就與這些伐木派的「學者專家」不一樣：他選擇「關注表象」，而不是「遁離」。這個小小的步驟、小小的念頭，大大改變了後來他們各自看到的「真實」，以及負責任的「程度」。那些伐木派擁護的謊言，將如同抽象的知識系統那樣，一代一代地被完全取代、滅跡；可是聖崇依事實所見的判斷，卻將隨著生命——其中的基因——一代一代地傳承下去，這或許是「真實」最好的回饋了。

Chapter

18

民主借鏡

　　1990 年代陳水扁競選立委時，聖崇參加他辦的 9 場自辦政見會（全部才 10 場）。聖崇印象深刻，自己助講完環境議題後，常常就是換阿扁發表，他總是在熱烈的掌聲中小跑步上台，通常以 3 個主題，每個主題 10 分鐘，慷慨陳述半小時後，西裝溼透。

　　陳水扁的邏輯清楚，前因後果點得精準到位，當上立委後，簡直是媒體寵兒。誠然，他的辦公室認真，但他使用的方法，讓效益像漣漪般迴盪出去。

　　阿扁每天早上 5 點多就去立院簽到，沒有人知道他上午 9 點時會質詢哪個委員會（交通委員會、經濟委員會、法制委員會等等），可是各大報的記者一定會來堵著他，因為他質詢的方式幾乎讓內容只消剪裁一下，就有登上頭版的實力。聖崇猶記得，他總是分成 3 部分，先講前因，後述衝突點，再以 20 分鐘「我問你答」，然後表明解決方法（結語）。和他演講會的模式一樣，記者受益、民眾受益，

就如質詢核四的時候，阿扁結束的話音剛落，中時、聯合、自立等等記者全都跑光，趕忙回去整理、報導。

那時候國會尚未全面改選，很多年邁的立委還躺在病床上，所以真正在立院質詢的人寥寥無幾，因此每個人有充裕的時間（30分鐘）整理好坐騎「攻城掠地」。但是，當立委人數變多之後，當代的立法委員質詢時間卻縮減至 7 分鐘，頂多再加 3 分鐘而已。規則改變，從此，整個立院生態系也改變。

當時間縮短，無法深入議論的時候，有些委員就會為了吸引民眾的目光，採取娛樂化、情緒化或言詞激烈的策略，也造就出個人形象鮮明，論理卻空泛而偏頗的情況，英雄主義崛起，經年累月而繁瑣的本質問題也就拋到九霄雲外去了；緊接著，記者報導的質量也會相對弱化，甚至根本失去教育意義，人民擁抱對立的浮木，腦袋隨時都可能進水。

聖崇曾向當年意氣風發的時代力量，提出建言，既然形勢險峻，一個人無法走完全程，那我們何不團結起來，以接力的方式走到終點？聯合質詢是一個方式，殺傷力與質量最強，面對假訊息猖獗的時代，大家以各自的才氣共同圍堵，才有辦法真正戳破謊言、讓對方露出破綻。但先決條件就是立委個人必須無視自己的光環，這才是真正困難的地方，因為必須跨越人性。

聖崇說道：「政治是解決眾人之事，個人秀是沒用的，立法委員是多數決，是數人頭的，不是打人頭。很多事情需要妥協、調和，一味地爭取自己的政治版圖，體制也無法替你發揮理想，最後就是好不容易從民間打造起來的戰艦卻面臨泡沫化的危機。」

聖崇繼續說道：「不思考的話，經驗過去了就過去了。」他以過去長期在立院的觀察，看到台灣的代議民主制度已經陷入困境，他發現，很多事情不是要「贏」，而是「解決」；很多「造反」有理，卻見樹不見林；很多看似偉大山頭，靠近一瞧卻是癲癇頭；聖崇覺得必須擴大思考的面向：民主社會中，還有什麼樣的方式能夠促進人民福祉？要怎麼改革才能讓民意真正落實？加拿大的生活所帶來的震撼，或許是新的契機⋯⋯

1997 年，聖崇正式離開培芝公司，因為那時公司已經賣給美國公司（培芝德朋）了，換名為「台灣培芝德朋股份有限公司」。回頭看，想來公司待他不薄，不僅讓他以社會運動者征戰大江南北，還配給他許多裝備，除了秘書、汽車、大哥大，還有太平洋聯誼社的會員卡。早年在台灣綠色和平組織的時候，聖崇就常帶社運朋友們去那裡吃飯，好好補充一下在街頭消耗的大量精力。

最重要的一點是，擔任公司副總後的聖崇，其實沒有固定的上班時間。他想起每當下午，開在新竹的主要幹道上或台北街頭，總會遇到貨車超車，他試想：也許是現在塞車，延遲了這些送貨員的時間，他們想要趕著回家，因此開得很快吧！而他，寡人一個，大有愜意的時間安排行程，因此，他不以為意。聖崇的耐心與容忍，總是呈現在這些細節上，他謹記父親的提醒：絕對不要去忽略他人實際的需要。

他心想：我的生活無虞，老實說，也可以不用再多了；越多，

2000 年陳水扁競選總統時，聖崇、老友鍾淑姬、張國龍教授與生態保育聯盟的悟泓法師，聯合各界友人舉辦記者會，在信誼基金會大樓裡，以生態保育聯盟的名義支持陳水扁對環境的用心著力。除了前述的「反對高爾夫球場運動」與「訂下山坡地開發 30% 的坡度限制」以外，還有在其任台北市長時，以 150 億的預算買下關渡自然公園，如今看來，這些政策也保住了不少殘存的自然生機。（鍾淑姬 提供）

越是一種相欠。而現在，或許可以好好陪伴家人了。除了大妹，其他人都遠在美洲大陸的土地上，於是，聖崇並沒有像其他同事另外出來開業，而是去辦移民加拿大的手續。

千禧年 5 月，直到參加完陳水扁的總統就職典禮，聖崇才正式離開台灣。這個別具意義的一年，好朋友陳玉峯教授曾感嘆似的預言，這個進入下一世紀的態勢：「稍微有心的台灣人只能仰天長嘆……50 餘年的大惡本質，終於全面潰決而浮出檯面……媒體戒嚴，稍微具意識的文章大多被拒。」還記得聖崇被竹科暗算的「廣告恐怖」嗎？當時還只是被利益擺布的棋子，如今的媒體，有些已是成

陳水扁在上任總統前，提出「綠色矽島」的國家願景，揭示「經濟知識化」、「環境永續化」與「社會公義化」三大發展方向，為政府的經濟發展戰略；聖崇時任淨竹文教基金會董事長，開辦論壇交流（鍾淑姬 提供）。

熟的魔鬼代言人了！另外，聖崇對於 2000 年以後的轉折，也有些別緻的觀察：「2000 年以前的人比較紳士，比較好溝通。我在想，可能是因為國民黨覺得他們不可能會輸，於是會比較有肚量，像是李登輝覺得讓一下其實無妨。但 2000 年那場選舉，造成社會極大的分裂，兩黨之間的鬥爭與各自內部的鬥爭愈演愈烈，國民黨踢出了李登輝，而民進黨也不少人亮出了刀鞘。」

1993 年，應勵馨基金會之邀，音樂人陳明章為「拯救雛妓」活動編寫歌曲，創作出〈伊是咱的寶貝〉。經歷過 1999 年九二一大地震、2004 年「二二八百萬人牽手護台灣」，如今這首溫暖的小曲，傳遍大街小巷，已是台灣歷史上最成功的政治與社會歌曲。

然而，曾經只是疼惜親愛的孩子，然後傾己之力為整體社會打

拚的心情，如今進入權力核心之後，已不是這首歌詞的單純所能涵蓋的了。

很難想像兩位走過解嚴後十年風雨的社運前輩，對民主化的前景，竟然一個如此憂思，一個則巧妙地點出破口；這個時代，好像一個放在櫥窗裡的瓷碗，看上去精美圓潤，實際上底部有一裂痕，在餐桌上、廚房裡，隨時都可能刮傷人的皮肉。在千禧年以後出生的「自由」世代，可能不會有那麼沉重的危機感，但是，當我們對照西方民主制度的發展就可以知道：

"Freedom is not free."

法國大革命之後，並不是充盈著「自由、平等、博愛」的光彩，而是數量驚人的演講術（成為日後競選演講的範本），以及羅伯斯比爾的恐怖統治，還有最痛苦的，是一個文化史學大師家巴森提到的歷史律則：「革命吞噬了他的兒女。」亦即，法國大革命之後，龍蛇雜處，沒有一個統一的目標，一些沒有才幹的「政治食客」讓政、軍陷入混亂（當時善於諷刺的劇作家蕭伯納估計，世間具有政治能力者大概只有 5%），然後黨派惡鬥，讓「任何穩定局面的措施，都被認為叛離了自由與平等的道路；但保守派的王公貴族壓力襲來，又讓真正有心革命者不得不與煽動家競爭。」

台灣或許在名義上是「自由民主社會」，但我們好不容易用「不流血革命」換來的制度，生活其中的人與運用制度的人，卻不見得有那樣的民主素養去承擔，或者說，尚未脫離前朝陰影的人大有人在；我們當代的教育裡，還有根深蒂固的黨國遺緒在暗處滋長，奴性像影子一樣落在深層記憶的腳跟，有時，或許近到在枕頭底下，

成為夢魘也說不定。

因此，千禧年以後，聖崇開啟另一段學習之旅——加拿大，就是一個民主的借鏡，若放在台灣民主發展裡來互相參照學習，是具有劃時代的意義的。

會這麼說，還得加上聖崇從事公共事務始終不變的初心與熱情。他說到：

「在溫哥華參與公共事務的人，很少像我這樣的積極程度，是非常、非常、非常稀奇的，也許是因為我的人生剛好無妻無子，也許是來自家族的傳承。」

聖崇還參加「兩岸三地加國情」的電視節目，殆因了解台灣近代的發展，也熱衷於政治，加上曾經在民進黨任職的經歷、了解陳水扁總統的治理方針，遂被邀請。他雖然住在國外，卻時時刻刻和台灣的環保人士連線，像是中科三期、四期的環評，還有對中龍鋼鐵的批判，以及平時的視訊，聖崇分享加拿大的新思維，朋友們則分享台灣層出不窮的新事件。

聖崇參加加拿大「兩岸三地加國情」電視節目，論述時事。

聖崇參與溫哥華公聽會的現場。

其餘的時間,聖崇則用來「公民參與」加拿大社會,幾乎讓他打開了眼界。首先,加拿大雖有英國留下來悠遠的民主傳統,實際上,是個擁有複雜文化社會的「移民、難民國家」。全國各地的語言至少 100 種,個人與個人之間,若通用的英語說不好,是很難溝通的;更進一步來說,執政者與人民之間,要如何做到「上情下達」與「下情上達」,如何讓彼此的意見充分了解,然後執行,就顯得非常困難。在那裡,只顧著一輩子拚經濟的中國移民很多,他們自成一個社群,不會說英語也能生活;可是,當今天權力的分配者是白人,以英文陳述了許多政策的考量與實行計畫時,「政治是永遠的資源分配」,你若不主動、不積極參與,你

不只將得承擔這個政策的未來影響，連同整個國家的內蘊也將離你
而去；內蘊很重要的兩點即「認同感」與「主體性」。

　　聖崇居住在溫哥華，他看見政府為了「上情下達」所做的努力，
很適合成為台灣的借鏡。舉例來說，光是討論一個公共政策：「人
與狗要如何在公園相處」，就辦了 20 多場公聽會（Open House），
當時溫哥華的人口數約 80 萬人，而聖崇第一次去參加的時候，看見
意見回饋書上的語言有英文、中文，另外還有旁遮文（印度居民）。
聖崇覺得不可思議，他看見國家移入的人口逐年增加，於是政府想

民眾熱切地想知道政府的規劃，側耳傾聽。

盡辦法調查「家庭用語」、花費大量金錢翻譯，即使如此，還是只有少數移民參加這些活動。

聖崇參與 Open House 的活動並不是像逛街一樣偶爾眼睛發亮的心情，他是完全沉浸在其中的，每場參加，甚至連不同社區的公聽會也參加。他想知道，盧梭的「社會契約」有沒有可能完全實現？政府有沒有確實行使人民的公共意志？人民有沒有確實從天然自由（人生而自由）轉移到集體而達到平等的契約自由？

就以公聽會來說，每一場的深度都不一樣，而且開會之前會在網站公布確切的時間、地點、討論主題等，做到「積極、主動」的告知。聖崇記得 2004、2005 年的時候，當地社區想要做未來 50 年的都市計畫，於是將問題集、專家建議書全部寄到家裡，中英文各一本；然而，已知華人佔社區總人口數 24%，當聖崇報名參加公聽會之後，來到現場才發現總共只有 20 多人，而且華人只有 3 位，遠低於人口比例；緊接著在開會的現場，會提供充足的飲食、討論的時間，以及現場記錄，甚至，還有保母幫忙帶小孩。常常去討論一個議題的人，需要花費一天的時間。共謀一個美好社會，是要像毛毛蟲那樣 step by step、inch by inch，聖崇認為加拿大社會了不起的地方在於，他們用非常主動的方式溝通，他們想知道「人民想要什麼」。

聖崇說道：「這裡是要你提出願景之後，才進行共識決。你可以天馬行空，因為之後都會一項一項表決；但是台灣不一樣，在台灣，政府沒有『積極主動』告知以外，還常常掩蓋起來偷偷進行，等到生米煮成熟飯後，再以合法性壓制人民的心聲，所以人民和環

境的關係是緊張的。」

更有趣的是，加拿大人民有自己清楚的目標，不會迷失於「被服務」。有次，聖崇開了很久的車，參加其他城市的會議，那一次，市政府想要在水庫上游闢建步道，而當 100 個人在討論願景的時候，有個人站起來提醒：「不能超過預算喔！」這句話背面的意義是，人民要求政府不能濫用稅金——這和台灣是多麼大的不同！我們常常在追加預算，而且小到連村里長都常常以為自己爭取到的預算為政績。加拿大像一塊很大的布，即使很好剪裁，人民也有意識地生怕浪費。

加拿大政府尊重人民的想法，但有時也不見得能正視問題。就聖崇十分關注的都市計畫來說，溫哥華在卑詩省的一角，三面環水，角落的大都會本身在發展上就有了侷限性，但是，政府卻在那裡安置大量的無住屋族群。試想，這些人以後勢必得朝內陸發展，屆時造成的族群衝突、失業問題、就學問題等等，政府該如何應對？可是由於政治正確，並沒有多少人在意 20 年以後的問題。聖崇說道：

「政府沒有改善交通，就先蓋社會住宅給他們，結果很多地方都超載，捷運、道路都塞爆，生活品質大大的降低。外人看到的美，只是瞬間的美，住在那裡苦不堪言的人也很多；高樓一直蓋，即使設計了媲美紐約中央公園的史坦利公園，還是很不舒服。」

聖崇繼續深入了解，才發現實際的生活有多麼離譜：「捷運明明是聯通兩個城市之間的重要橋樑，但政府在起點的捷運出口蓋了 10 棟大樓，結果每當捷運過那一站，就立刻被坐滿。於是，住在捷運中段的人看了看沒指望，又回到過去，以開車的方式上下班。

左│右為弟弟聖哲。
右│聖哲和聖崇一起來參加公聽會。

　　又如近年溫哥華高喊「綠色城市」，想發展腳踏車車道，鼓勵
節能減碳的生活。但是，整個城市的地形宛如一個淺丘，一年好幾
個月的雨季，加上近年該市成為中國的炒房天堂，房價暴漲，年輕
人移居城外，城內多是老年人，發展腳踏車，合適嗎？」聖崇回憶
1995 年，請弟弟幫他購買的《大溫哥華交通 30 年計畫》，裡頭的鴻
圖大志，沒幾年就報銷了，留給 30 年以後的餘裕，如今看來也不夠
充分。

　　「若要再多，就變成了假設。」小說家費茲傑羅說。聖崇很清
楚城市的困境，就像一個腦袋以直覺行動，同時又要分析後果，然
後不斷地修正那樣，這對應到他在台灣從事環境運動時，對「政策
環評」始終的堅持；同時，政府與人民都有改變現狀的權力，也讓
他反思，台灣社會如何提升公民參與的程度。

　　這必須先將過去聖崇參與的戰役，做型態上的歸納。

　　首先，我們可以將目前抗爭的結果分成兩類，一類是菁英戰，

一類是草根戰。菁英戰就如同香山溼地案、關西機械園區案，當地部分居民及議員其實是贊成開發的，所以就必須靠菁英在環評大會中拚搏、遊說，諸如新竹市公害防治協會、新竹文化協會、新竹鳥會都是；另一類草根戰，宜蘭反六輕即是，陳定南是戰將，林義雄、郭雨新、游錫堃都是菁英，可是如果沒有大量宜蘭鄉親，乘著遊覽車一次一次前往台北抗爭，氣勢也不會那麼大。

是以菁英還是以草根為策略，端看人民的態度；但是很多時候，居民得到的資訊並不完整，或是被短期利益、派系所迷惑。於是，前述提及的「願景」就派上用場了，它是一種終極的願望，能凝聚民意、戳破似是而非的泛論，於是菁英戰將回歸到草根戰。草根是一切的力量，不能只有環保團體的領袖站出來，而溫哥華的公民參與，就是典型的草根戰。若以當今的大巨蛋案為例，目前，都還是在菁英對抗政府的階段，可是，如果我們將溫哥華公民參與程序中的精神與程序轉移到台灣，一切就沒那麼簡單了。

首先，大巨蛋周圍的國小及私人辦公室、住宅等都必須發單告知，載明開公聽會的時間、地點，而且在每一次會議之後，必須主動傳送會議的紀錄給每一個居民；假設今天有 5 萬張告示單出去，只要有 5% 有疑慮，那台北市政府就不得安寧了。這並不是只有市議員監督而已，而是還有至少 2,500 個問題必須回答（這些回饋文的作者可能是未來積極參與公共議題者，他們的眼睛極其銳利，因為他們是真正生活在其中的人）；如果 10 年前開始這麼做，馬英九及郝龍斌不可能當作耳邊風，也不可能持續到現在，永遠指恨前朝。

未知是一種恐懼，草根戰的決勝關鍵就是「未知」的戰鬥能力

與數量。有規律的系統，只能有某些構型，但混亂的系統，卻有無限的構型；生命是朝向最大亂度的，終極意義也是朝向宇宙的平衡；當多重的思維交織在一起，我們可以期待從混沌中創造出一種理想的形式。

2001 年，聖崇前往香港參加兩岸三地 NGO 以及新聞記者的工作坊。那時香港剛回歸中國 4 年，還是自由與法治的避風港。在 60 人的會議中，大家不斷交流彼此在社會議題的操作經驗，有些談到資訊破碎化的問題，有些談到第四權失靈的困頓，但是，整場會議的揭幕，由聖崇首先發言的：

「我想要建立一個烏鴉的制度。什麼是『烏鴉』？烏鴉雖然是黑的，卻是執政者身旁的天使，它是一個預言者，也是整個決策裡面的防腐機制。

身為一隻烏鴉，他所說的話，常常必須為反對而反對。何以至此？第一，任何決策一定有優點與缺點，烏鴉的工作就是點出問題的核心，為歷史留下缺點的檔案，以便檢驗執政者的政績。第二，當立委的人不一定就是烏鴉，因為立法院是多數決的機制，照那一套機制，必定需要學習妥協的藝術，才能有效地發揮影響力；但是只要是烏鴉，是永遠不會妥協的，而是言之有物，絕對不會漏講弊端。10 點的錯誤，就是 10 點的錯誤，不會只講 2 點就草草了事——這也成就烏鴉的視野，為何總是比上位者還要開闊。而烏鴉的眼裡沒有輸贏，所以講那些沒輸贏的話一點用處也沒有。」

根據聖崇心目中對「烏鴉」的定義，我們可以參考中研院社會學研究所吳乃德研究員是如何回溯歷史，來呈現「烏鴉」在西方實

為悠遠的傳統：

「烏鴉和『第十人』的角色在西方通常稱為『魔鬼的代言人』。16 世紀羅馬教會在封聖的討論中，會特別指定一人充當魔鬼的代言人，期待他會對候選人的品格、神蹟的真實性提出質疑。……其實很多團體中都存在著烏鴉，領導人並不需要特別去指定或尋覓。只是一班領導人會讓這些烏鴉噤聲、疏離，甚至飛走。聰明的領導人則將他們視為團隊的重要資產。羅斯福和邱吉爾都是這類的領導人。」

吳研究員的陳述，幾乎就是聖崇數十年來所站立的位置。一個沒有烏鴉制度的政府，可能會是一個瘋狂的政府，我們只要看看二戰時期，希特勒上台之後，是如何一步一步煽動軍人，一步一步否決謀總部中老將領的真知灼見，就可以知道──一意孤行的結果，就是賠掉數千萬人的生命。聖崇繼續說道：

「要建立這樣的制度不簡單。除了政府需要有雅量，烏鴉本身的語言也要有深度。在承平時代中，烏鴉的存在更重要，因為他要比一般人更執著地懷抱著理想性，才有能力去挑錯，甚至未雨綢繆。」

我們可以看見，遊歷立法院多年的聖崇，從梵谷那幅〈麥田群鴉〉裡飛了出來，他從盡頭回溯到根源，並沒有迷失其中。他反而堅守著民主制度中最困難、模糊、單薄卻從不退縮的角色──烏鴉，在寒風將毛細孔刮得硬挺的季節，因暖風的滋潤而安逸起來的季節，將人們的腦袋一個一個打醒。無論境遇怎麼變，人的思考都可以透過意志來保持清醒。

Chapter

19

地球公僕

心有猛虎，細嗅薔薇。

審視我的內心吧，親愛的朋友，你應顫慄，

因為那才是你本來的面目。

——西格夫里・薩松，〈於我，過去，現在以及未來〉

在當代錯綜複雜的困境中，有一個問題也是聖崇長年糾結於心的，既沒有值得一提的道德進步，也沒有對理智的正確指引，卻掌握了足以毀滅自身的工具——即「難民問題」。

這個問題和氣候變遷一樣，必須以全球的眼光俯瞰，否則一次一次的錯誤決策，只是犧牲越來越多的人。

根據聯合國統計，全球約有 7,000 萬位國際難民，其中 2,600 萬個難民處於流亡狀態，來自敘利亞、委內瑞拉、阿富汗、南蘇丹、緬甸 5 個國家的人就佔 68%，因為經濟、政治、歷史、種族、宗教

等衝突，有越來越多人選擇遠離家鄉，躲避戰亂，尋存生存的機會。目前，這些難民，像皮球一樣被踢來踢去，有些國家一開始仁心大發卻造成國內嚴重的社會衝突，有些自認已承載過多而關閉邊境，聯合國則像個哄孩子睡覺的母親，不斷安撫這些國家的情緒。

聖崇自從移民加拿大後，就開始關注這項被刻意忽略的大膿瘡，當難民變成籌碼，無論走到哪裡，沒有一個社會不是雞飛狗跳的。就以加拿大來說，政府的態度似乎樂於接收，但總得面臨瓜分社會資源的問題。尤其，當原本的社會已經由先來後到而形成了階級，這群新客與他們的貧富差距只會越來越大，如 2003 年發生的法國巴黎大暴動，就是國內摩洛哥、阿爾及利亞人的失業率太高所引起的。加拿大的情況也一樣，比方說，當難民移往溫哥華地區時，明明享有政府的多項補助，卻還是氣憤難平，因為當地物價過高，看似優渥的補助金還是沒辦法生存（撐不過 3 天）。

聖崇說道：「加拿大人沒有教我，這是我自己學習而判斷的。社會要達到公平？這不可能！若要做，至少也得 50 年前規劃好，我以永遠想當執政者的角度去參與，所以我天天想社會問題。毋須沮喪，無解之中，我們要想辦法減輕傷害，虛無主義沒有比較快樂，要積極去解決。」

他看到台北市長柯文哲出訪土耳其時，提到要在台北市建 5 萬人容量的清真寺的計畫，聖崇直搖頭──5 萬人？！在那樣寸土寸金的地方，會造成族群、文化甚至是宗教之間的衝突的。而就在 2020年，土耳其境內也是紛擾不休，暑假期間，總統厄多安下令將聖索非亞大教堂改為清真寺，引發全世界東正教徒、基督教徒及聯合國

的抗議。早在 1935 年，土耳其第一任總統凱末爾為避免再讓這座人類文化遺產掀起衝突，就將教堂披上「博物館（公共財）」的保護貼，但如今厄多安堅持此舉為「內政」，反而譴責外國干預，宗教戰爭的結束只是意味著休戰。

聖崇很清楚，世界資源正在急劇下降，人類每一項族群政策，每創造一個環境，都大大影響 2、30 年後的生活。他關心環境議題的原因也是基於此，10 年後慘狀已經不堪設想，所以現在他一定要勇敢挑戰，甚至挑戰同儕的思維。

他將層次提升到島嶼的永續，連同地球的變遷一併考慮。以宏觀的角度，他發現現代很多的社會運動者是沒有「根」的。他曾經當過新竹市志願者發展協會主任委員，看到志工們撿垃圾，辛勞而令人感動；可是，挺身呼籲垃圾不落地的人，為何比拒絕高汙染產業的人來得多？這些地表的善良，有沒有繼續扎根？還有再生紙的議題，這個環保界的「新寵兒」，綠色消費的「先鋒」，企圖回收廢紙來減少木材的消耗與垃圾減量；然而，這看似政治正確的思考，被大肆鼓吹之後，卻也讓人完全忘記紙廠對地下水毀滅性的傷害——我們絕對不能忘記，地獄裡的天堂，一樣是地獄。

2006 年，聖崇擔任行政院永續會委員的時候，一些環團的朋友不認同這個概念，聖崇說道：「廢紙回收依然必須大量用到地下水，另外，還有一個大問題是，實際上 1 斤的紙纖維，可回收的部分不到 1 兩（1/16 斤），因為像紙盒外層有加鹼之後的塑膠膜，這些成

為廢水後就變成塑膠微粒，在環保署的檢驗規格裡驗不出來，最後排到海裡去。」也就是說，即使紙廠完全生產「再生紙」，它依然是高汙染產業，依然必須退出台灣，而不是被冠上「環保」的標籤就好整以暇。

我們回溯歷史就可以知道，60年前發明塑膠袋的瑞典工程師圖林（Sten Gustaf Thulin），他的初衷，其實是要減少樹木的砍伐，保護環境，因為塑膠袋的堅固、耐用、輕便與便宜，幾乎完勝紙袋；但他萬萬想不到的是，過了半個世紀，全球每年億萬個的使用量，以及用過就丟的使用方式，反而讓人性完勝了塑膠袋的基本特質。技術，是無善非惡的，惟有人的做法，可以決定善惡；因此，我們常常把人的問題導引到物質的問題，事實上這麼做只是模糊了焦點，是不對的：再生紙的議題，如果探討到深層的結構，就必須以永世的願景予以革除。

另外，也是在這一年，聖崇參與了中科三期環評案的抗爭運動。這場運動，是台灣有史以來第一件通過環評卻被最高行政法院撤銷的案件，獨具意義。該案是台中后里居民認為中部科學園區第三期發展區七星基地的環評程序不周，而向台北最高行政法院提起訴訟。當時，新竹的環團朋友也前來，將友達光電對霄裡溪的汙染經驗傳承給后里居民。在環評還未啟動之前，聖崇曾去七星基地上課，他告訴農民竹科在頭前溪的汙染中，有各種重金屬廢水的汙染。後來，在環評委員的徵選小組中，陳玉峯教授引介詹順貴、文魯彬、李根政等人進去，就在環評大會上大肆抨擊誇張的政治干預，拒絕投票，還在會議室外辦記者會。聖崇那天就在會議室中，被「抬」了出來。

在 2006 年 6 月 30 日環評通過後，即使在訴訟期間，中科仍持續徵地建廠、營運與排廢水。然而，2008 年，后里居民勝訴定讞，大夥正要歡慶之際，未料，環保署長沈世宏竟然公然踐踏司法，與行政院國家科學委員會、友達光電合作，共同替中科「霸王硬上弓」，一方面讓廠區「停工不停產（尚在進行的工程停工，已經開始生產的廠商仍繼續運作）」，一方便補辦環評（試問，工廠已建，如何環評？！），居民與律師團不服，協力再戰。

在幾度僵持不下的窘境中，最後由法院主動出擊，打破沉默，協助幾次協商，但仍舊破局。最終，農民才意識到，政、商、司聯手之下，只能接受和解，必須接受中科三期在后里的事實，接受排放廢水，讓環境不斷雪上加霜的結果。全案在 2014 年父親節那天達成和解，居民的「被讓步」，間接促使財團法人環境權保障基金會成立。

聖崇說道：「我對這個結果不滿意啦！我們繳稅給政府，由政府請公僕為人民服務，公僕縱使有知識，也要互相尊重啊！」關於後續監督的方案（千萬元的補助），聖崇則認為可以趁這個機會實施公民參與：「環團的人認為自己就是公民參與了，但就連我，其實都只是『菁英』。成立的環境監督小組，是要讓每一戶的人都能參與，若只是託付里長，由少數人開會，無異於寄附廟錢。逐漸地，會有些有興趣的人能集結起來，他們是擴大實質參與的小尖兵，這就是『草根性』。」

中科三期的廢水起初是排到牛稠坑溪，也汙染到大甲溪，後來廠方將后里及七星兩區的廢水集合成一條管線，向北部排到大安溪，

再流出海。聖崇很早就提出疑問，為何這樣的設計，在環境影響評估中沒有知會海線的大安鄉居民？直到後來好不容易有大安鄉的居民來開會了，卻已經無能再改變這個計畫。

中科三期已經讓人民見識到司法不公的殘酷事實，中科四期，更是一首曲折古怪的迎合譜曲。

中科四期又稱「彰化二林園區」、「二林金雞」，面積631公頃，2008年11月，由行政院核定遴選彰化縣二林鎮為基地，計畫引進光電、半導體和綠色能源等產業進駐，然而，開發面積除了徵收台糖萬興農場與大排沙農場，也另外徵收80多公頃的民地，這些農民百年來散居於此。然而，因為汙染、與農民爭水等疑慮，引發彰化、

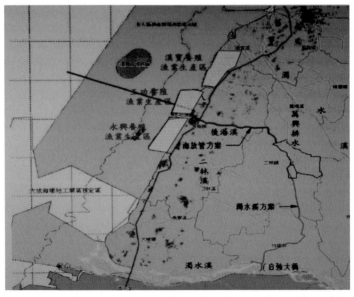

「濁水溪」及「海洋流放管」方案排放路線示意圖，圖中可以看到，彰化沿海的漁業養殖區首當其衝。

聖崇南下彰化海濱拜訪漁民、蚵農。

雲林兩縣的居民強力抗爭。

二林園區的廢水，原本預計排到東螺溪（又稱舊濁水溪，是濁水溪沖積扇的分流之一），引發福興、芳苑等漁民、蚵農強烈抗議，當時聖崇就前去幫忙，而帶領的老大是彰化縣環境保護聯盟總幹事施月英。聖崇開車南下芳苑、王功，告訴他們香山綠牡蠣的悲劇，結果，出乎他的意料，這群以海為生的漁民，展現強悍、不屈不撓的氣勢，竟一個個是願意賭上性命的猛將，聖崇回憶道：「說明會那天，他們其中的 3、4 人，把桌子推開，拍桌大吼：『你排下去看看啊！恁爸不跟你拚性命，就跟你相輸！』就在那天會議當中，東螺溪就改到濁水溪。」聖崇發現到，漁民強悍，耕地的農民氣勢遠不及此。

水道一改，變成雲林縣

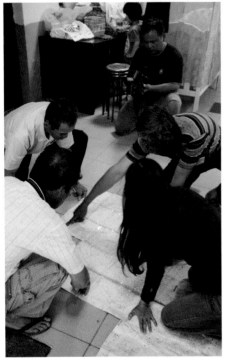

聖崇與施月英前來與居民商討策略。

長、議員出來抗議，雖然都有談到重點，但最後環評案還是強勢通過。隔年，行政院長吳敦義，指示增加預算 20 億元處理園區每天 13 萬噸的廢水，再排到濁水溪出海口。但根本無濟於事。

環保署長沈世宏再度扮演亂臣角色，表示經過環評委員的要求，廢水直接排放並沒有問題，於是民間、學界批評環評已死，提起行政訴訟，當地的相思寮聚落更是日夜驚恐，農民怕因徵收土地而被恐嚇。然而，不只排水造成極大的爭議，用水問題也是被叮得滿頭包。當時，因為國光石化案停止，大度攔河堰停擺，中科於是將腦筋動到農民用水，以每天 6.65 萬噸持續開發，企圖截水，溪州農民發現後，於是發起全力護水的抗爭運動。當時，最用心用力的就是作家吳

音寧，她身體瘦小，卻執意擋在怪手前，並串聯全國文藝人士的連署與遊行，氣勢磅礡。聖崇說：「中科四期就是混蛋啊，好在吳音寧一坐下去，就把中科原本預計 16 萬噸的排水改成 2 萬噸。」

事實上，後來中科四期的正當性越來越小，國科會於是決定縮小開發面積，準備轉型，朝向精密機械、生物科技等產業發展。2018 年 5 月 23 日，中科四期二階環評過關，終於以每天 2 萬噸的供水流量為限，隔年開始不調農業用水的前提下，結束這場 10 年的纏訟。聖崇補充道：

「當年之所以物色溪洲的水，是因為自來水公司最多每天只供應 4 千 8 百噸（即地下水，由二林淨水廠供應）而已，但後來這個案子雖然在 2 萬噸以下通過，對政府來說卻依然是非常荒唐的決策，彰化地區的水源，基本上是靠地下水，因為無水可用是鐵一般的事實，這在初期可行性評估中就應該拿出來討論了，環評委員卻視而不見，依然亂搞。溪州如果沒有抗爭，再過不久，也會地層下陷，然後農民只好抽地下水，惡性循環到土地整個廢棄。……大度堰的停工是幸，然而這個計畫，我看過資料，省水利處早就在 1970 年代評估了，目的是放長線釣大魚，期盼未來規劃工業區炒地皮。」

不到 20 年，聖崇多次遇到荒謬的缺水困境，他知道，一旦變成荒地，人就會尋找下一個可以剝削的沃土，這種生存模式會招致反撲的。早在 1990 年，聖崇參加環保團體參訪中國環境問題的交流會，見到中國環保官員，到北京、西安、重慶、武漢、上海等等，也參觀汙水處理廠，見到中國環境之父曲格平，對方說：「北京有可能因為缺水而遷都啊！你還要發展什麼？」聖崇隱約認同這個深刻的

憂慮，他看到那邊的地下水已經抽到幾百公尺以下，而且水質仍非常不好，於是想起台灣這頭，王永慶的台塑企業尚未進駐雲林時，1990 年，他也曾去沿海地帶的麥寮拜訪一位漁民，當他開車經過時，看見魚塭上有白白的東西，老漁民告訴他：「這是鹽啊！」原來，他正在養七星鱸魚，抽地下水後再施鹽養殖，聖崇問：「抽多深？」老人答：「100 丈。（註：一丈 10 尺，即約 3 公尺）」。如此深的井，自己打要花非常多的錢，除非利潤高到足以打平，所以過去養鰻、鯛都是以抽地下水的方式。還有一次，是在 1993 年，聖崇和記者張

1990 年在中國，與環團朋友們認識中國的環境問題。

瑞昌（今中央社社長），到彰化大城鄉勘查，才知道，原來大城鄉
有許多大量抽取地下水的養蜊仔戶（蜊仔，lâ-á，比蛤蠣小的貝類，
人們通常拿來煮湯或以醬油、蒜頭醃漬），有些人賺了不少，後來，
種起西瓜，然而，因為水從上游到下游已被取光（經集集攔河堰、
斗六工業區及元長工業區等），到了風頭水尾的大城鄉，根本沒有
水灌溉，也失去了砂源，只好到濁水溪取砂，抽地下水營生。從許
多例子看來，這個榨乾土地的趨勢是世界性的，不只台灣，許多開
發中國家都面臨相似的困境，尤其，在全球化時代，這種大規模的
壓榨更是無情，彷彿蝗蟲。

　　另外，當前還有火紅的議題：「碳經濟」能否有助於減緩全球
暖化的速度？以聖崇的觀點，這也是迷糊仗的一環。首先，碳經濟
的基本設定就沒辦法和 GDP 脫鉤，除非各國願意以綠色 GDP* 計量，
否則最後一定又被資本市場吞噬。

　　舉例來說，德國表面上穩定地進入再生能源的時代，可是仔細
看，他們其實只是把核能與煤炭的「罪過角色」餅嫁禍給其他國家
罷了，所謂的「虛擬能源」，說重一點就是「別人的囡仔死未了」，
如果今天德國最大的化工廠（BASF），沒有把部分產業移到美國德
州享用頁岩氣的地利之便，那這筆碳帳就要算在德國了。

　　第二，聖崇根據長年收集的資料判斷，另一起恐怖的現象讓《巴
黎協定》形同虛設，即西伯利亞大火。此地火燒的嚴重性將大大超
過近年的澳洲、亞馬遜森林大火。過去，西伯利亞凍原儲存著數千

---

* 　綠色國內生產總值（GeGDP），是將現行 GDP 的核算上，再減去資源耗減成本（土地、森林、
礦產和水），以及環境降級成本（指因環境破壞等級下降而應計入的成本）。

年前的舊碳層，以及大量的有機質沉澱，像一個巨大的冰箱，儲存著全世界一半的碳。然而，隨著全球暖化，因乾燥與燃燒而釋放了碳，大量的甲烷揮發，讓一切無法阻止了──這個全新的變化，事實上是與近代工業發展史脫鉤的，表示地球在自然世界進入的危險期，已經是「失速的列車」了，人類即使在經濟上如何克制也無法觸及這個高度。

人無法取代上帝，可是人能夠擁有上帝的部分眼光，歷史經驗能夠協助人類判斷，在危急之中選擇一條最適合自己的路徑。如今，聖崇往來太平洋東西兩岸，作為一「地球公僕」，他也更加關切人類發展的軌跡，對於世界有什麼意義，甚至，對於人類本身有什麼意義。

在這一層次上，得先從他的個人嗜好說起。早在 1990 年代，聖崇就時常在市場閒逛，眼光獨到的他，正在物色從中國偷渡而來的古物。收集古物，或許是承襲自祖父，對於文物的價值從來不輕易放棄的態度，他深知這些無用之物，正是靈魂的輓歌，百年孤寂。

自從搬去加拿大後，聖崇就會在每個週末，專程跑到各地的 garage sale 走走看看，尋寶冒險。他看到許多珍奇異寶，一堆一堆地被主人清出來，算得便宜，而且價錢還可繼續殺見底，聖崇就感到非常快樂。他以 5、6 年的時間，徜徉在這些歷史片面的記憶，然後逐一拼湊，成為他認識世界的一環。比方說，他收集到一本 1895 年的《英國旅遊指南》，書中倫敦地鐵的照片使他想起當時（19 世紀）印度的奴工以及殖民地提供鋼鐵、煤炭的生活；還有 6、7 本以銅版或石版刻製《聖經》，相當古老，它們間接告訴聖崇印刷術的演進；

還有照相機剛發明時所拍攝的照片，提示著印象派畫風的消逝；聖崇也曾拜訪過來自伊朗的移民，他們的傢俱都是從原鄉搬來的，全都包金膜，處處雕刻精細，代表著過去祖先的社會地位，如今，他們的後代要將其賣掉；另外，還有為數不多的珍品，像是邱吉爾的訃聞、邱吉爾的演講唱片、希特勒的幻燈片等等；書籍的收藏也豐富，比如一戶日本人老婆婆的父親的遺物，講述二次大戰時，美裔日本人被抓去集中營的事件，還有大批日人去加拿大捕鮭魚的紀錄，另外一本是日本在 60 年前出版的名人錄——聖崇看到這些戰時記憶，不禁想起自己的父親、叔伯，從日本文化中擷取的精髓，如今卻是遙遠的斷代，聖崇說道：

「我現在是要找一個機會將古物運回來，全部送給台灣，不是要賣。雖然我知道博物館不一定會收（可能很難），但對我來說是學習、認識某一個文化的過程。……我有幸看到這些文字，即使是一小部分的紀錄也好，一代一代還是要傳承下去，不要產生太大的變化，否則社會將不和諧，老年人會覺得『這不是我的世界』，你知道嗎？斷代一旦發生，是沒辦法溝通的。」

聖崇從環境的斷裂史，到人倫的悲劇史，全都看在眼裡，他往往和長輩談天時，一聊就是好幾個鐘頭。幾年前，聖崇的叔叔告訴他：

「有個老同學告訴我說，他父親是苗栗苑裡人，在戰爭末期時跑到滿洲國做大將軍，簡直不可一世，後來，甚至當到汪精衛的南京政府的中將以及廣州的衛戍司令，然而在戰後失聯，也一輩子無法回台灣。

　　我這位老朋友的成長過程，父親都沒有伴在身邊，空白而模糊；然而在苑裡鎮公所當了 37 年公務員的他，做事明明老老實實，卻得每天面對辦公桌前從調查局派來監視的人，還有憲兵的突襲檢查，總是把家裡鬧得雞飛狗跳，於是不得已，只好把兒女送到台中唸書，自己留在苗栗。」

　　聖崇惦記著這個故事，直到近年才去拜訪叔叔的那位老友。大部分都是他的女兒在談話，而那位年邁的老父親只是靜默，等到聖崇要離開前，才偷偷塞了善意的紙條給他。

　　聖崇面對這些斷了線的珍珠，他熱心地搜集、整理，甚至參加了溫哥華歷史學會，認識了許多戰前、戰後移民，把握百年前殘存的人格。聖崇回憶道：

　　「我在溫哥華曾遇過一位王先生，台灣人。他從日本兵變成國民黨軍，在南京時，親眼看到日本人的受降典禮。那時候，接受降書的人是國民政府的將軍何應欽，他年少時曾去日本軍事學校學習，結果，他的老師竟然成了戰敗方的代表！

　　此時，何應欽的心中百感交集，決定遵守道義，走上前，先給老師行禮，感念他曾經給予的一切訓練、教誨，然後再進行受降儀式。」聖崇說，王先生永遠不會忘記這一幕。

　　二戰期間，美國羅斯福總統曾經問邱吉爾：「我正在公開徵求意見，想給這次戰爭起個名字。」邱吉爾立刻回答：「不需要的戰爭。」歷史的重大變革中，不同陣營的人們往往對各自的想像堅持不已，因為企圖更大的政治版圖，於是給出一勞永逸的承諾，或是指日可待的結果。然而，事實遠比我們想像得複雜，甚至不堪。

　　1989 年 6 月 4 日，中國發生天安門事件，中國人民解放軍、武裝警察部隊和人民警察在北京天安門廣場，對示威群眾、學生進行武力清場；這個「血洗行動」，是鄧小平對中國政治體制改革開放的失敗，言論自由旋即縮緊，事實上，也象徵著中國經過幾千年帝制的本性未改，獨裁的野心在經濟奇蹟的神話下事跡敗露。同年間，1989 年 11 月 9 日，當德國柏林圍牆倒塌時，福山（Francis Fukuyama）說，民主政治與資本主義終於勝出，並宣稱這是「歷史的終結」，嶄新的全球繁榮時代終於來臨，但，真的是這樣嗎？

　　這一年發生的事，對世界產生決定性的變化即，一個再度走向「強人崇拜」的魔咒，一個內部充滿漏洞、不公平的信念即將在不久後被打回原形，兩者在 30 年後，終於漸漸為世人所瞭解。中國有習近平殘暴地迫害西藏、維吾爾族、蒙古等少數部落，近期則鎮壓香港的反送中運動，震驚國際，此外，習還積極滲透國際組織，盜取先進技術，以「一帶一路」計畫控制開發中國家；而美國則有川普的崛起與下台，顯示民主政治的內耗與資本主義全球化後，國內去工業化的嚴重後果，川普雖然以最強悍的單邊主義對抗，提出印太戰略，但國內還是有大大小小的議題等待實際的方案解決。

　　聖崇以環境為依歸，從民間走向中央，從海岸走向山林，從鄉土走向國際，他知道這一些政治角力，或者許多重蹈覆徹的遺憾決定，將不只影響全球經濟，也是全球環境變遷的徵兆。

　　事實上，在人的一生中，我們對其他生命往往可以感覺到極限，但我們對於自己有生之年卻有過多的期待。聖崇全然是相反的，他對自己最後所能擁有的，不怎麼眷戀，反而對自己以外的世界充滿

期待，且躍躍欲試，彷彿有無限可能。他思想的繆思，在於千千萬萬個連續事件中，如蜘蛛網那樣緻密的影響，即使輕薄而容易被掃除，他還是自顧自地編織著。他的性格，透露著古典的氣質，同時，又有浪漫的憧憬浸淫著，聖崇是少數在這個時代，能夠超越自我限制、興趣與歷史水平的人。

甚至，聖崇的性格，反映出台灣文化在本質上的變化。當我們說人有生老病死的時候，文化其實也有生老病死，而「文明」即文化的死亡。此處的「文明」，可能會打破一般人對美好社會的想像，越文明的社會越好？事實上，文明代表的是工業革命之後，現代化社會對原本文化的改造，文化逐漸僵硬而失去靈魂，深刻的東西則消融在純粹理智的野蠻與鋪天蓋地的擴張意志。

聖崇出生、成長的年代，正好是全世界最長的戒嚴時期，是物質慾望推展到最高的時期，也是本土文化被摧殘得最徹底的時期。而聖崇有幸接到即將消失的傳統，在祖父輩的教養中，他隱約知道過去成熟燦爛的美妙文化，或是，即使文化在脆弱的時候，也仍有一種痛苦的甜蜜提醒著他。於是，他守著這份記憶，在自己有能力的時候，力挽狂瀾，他收集許多文物、搶救鄉野古蹟、甚至擴大到原始森林那些古老的神祇，這些通通都是文化的養分、最堅實的基礎，永遠無法複製的本來真面目——這是古典主義精神發揮到最極致的狀態。而當聖崇經歷十多年扎根土地的奮鬥之後，他也看清了執政者的野心，那是帝國主義的延續，更加看清人性，一顆愚昧得寧要喜劇而不要永恆的心，但是，聖崇也不曾輕易放棄對抗、不曾對教育的力量失望，他對這個荒謬的世界沒有任何抱怨，他的行動

就是最嚴肅的批評。此時，他已經將人類之所以為「萬物之靈」的真正理由體現出來——「意志」可以超越現實，超越時空。他性格中的浪漫情懷於焉發揮，體現在台灣進入千禧年之前那一連串的文化復興運動，大家憂國憂民，控訴各種權利的被剝奪，而聖崇選擇的是一條充滿原始戰慄的路徑——生態保育與環境保護。

　　思想家康德曾說：「思想的本質可能是『自然』的，思想的行動卻是『歷史』的。」在自然的戰役中，或許中國式的大陸型思考征服了某些執政者的腦袋，但在民間，中國文化並未打敗台灣精神。聖崇作為中堅份子，將自己真實看見、學習到的生態知識，付諸實行，不管是搜集資料，還是串連人力，他都學得很快樂，腦中的自然圖騰像樹苗一樣不斷往上抽長，即使他的行動只是無數因果鏈中某個不起眼的小線圈。

Chapter
20

謝 幕

（2020）

別出聲，親愛的。我並不在乎
我能重來多少個夏季
就憑這一夏季我們已經進入永恆
我感覺你以雙手
埋葬了我，釋放出其中光彩

——擷取自露伊絲·葛綠珂〈白百合〉

　　在春天的尾巴，舉辦追遠生死的儀式，或許是一種古老的智慧。聖崇的生日，就是在4月4日清明節假期，太陽回歸北半球最有感的時候。

　　在父親逝世之後，身為長子，聖崇獲選為祭祀公業管理人，承

擔起家族的事務，於是他自從移民加拿大後，20 年來，每年一定會回國掃墓。而慶生，通常就是和老友柯建銘及其助理們一起度過；柯建銘的辦公室，就像讀小學的時候，那個緊鄰學校圍牆的半開的窗戶中，流出的三國演義的廣播，他總會忍不住翻牆過去聽，聽得盡興的時候，就好像自己也是戰場中的一兵一卒。聖崇會常常給柯建銘出題，也常常跑到戰局裡，看著不同陣營的人廝殺，觀察各將領的雄才大略。

　　處理家族庶務的聖崇，也和進行社會運動時的性情如出一轍：寬容而細心如髮。

　　1990 年代，母親的家族中有一塊地必須轉賣，佃租農也同意了，整件事由舅舅交代給聖崇處理。但是，當他到了現地才知道，原來租客在田地旁，還另建一間小屋，小屋像一把破傘，為智能障礙的哥哥遮風擋雨，而弟弟只是三餐將飯盒子帶過去。

　　根據契約，哥哥不能繼續住在那裡，但弟弟一個攤手沒錢。聖崇沒有說話，將 10 萬元放到他手上；隔天，換姊姊也跑來嚷沒錢，聖崇一樣給了她 10 萬元現金。聖崇對於長輩交代的事，一定使命必達，但關於生存，他永遠會保留給別人行動、尊嚴和判斷的自由，沒有太多「主見」。

　　10 年前，聖崇的好朋友因大腸癌過世，他發覺到，即使一個人擁有的錢財再多，也沒有任何意義。於是，他從 2014 年起，就開始做台灣醫療體系中等級最高的「健康檢查」。2018 年 3 月 30 日，聖崇被診斷出胰臟癌，從此留在台灣做化療。胰臟癌的死亡率非常高，又稱「癌王」，聖崇是全世界少數提早檢查出來的案例，於是，他

嘗試了各種新式療法，不計花費，一定要活下去。而頭 1、2 年，聖崇還是頻繁回加拿大探望家人。

就在隔年春季，當生日又快到的時候，他決定，要待在溫哥華過生日。也許是感到時日所剩不多，這一次，他要和最親愛的家人一起……

當時，大妹、弟弟、弟媳、姪兒及其女友，以及深愛的母親圍繞在身邊，像在冬日裡遞來的一盆小小的炭火。聖崇站了起來，抿一抿雙唇，以他畢生最活躍的幾年所殘存下來的力氣說：「希望、希望大家努力拚過 70，我今年 70，我熬過去了……」

有時候，一生的回憶會在幾分鐘之內，突然穿過腦海。你可以選擇像現代電影那樣，做連續的播放，讓每個畫面之間的關係是緊密的，本身卻不怎麼重要；你也可以選擇像幻燈片那樣展示，讓每一幕可以將思緒墜進去地那樣深刻，但不同幕之間的心思可能完全不同。

聖崇是喜歡幻燈片的，所以某些特殊的人在他的生命裡，被放大到形同生命的全部，母親就是其中之一。

母親的眼睛很有精神，但血管很薄，薄到聖崇幾乎感覺得到血液的流速。他長年與母親相依為命（20 多年），她總會靠近床緣睡，側著身子，看著打地鋪的孩子入睡：聖崇是夜晚的大海。他每天幫媽媽洗澡，像抱嬰兒那樣撐起她輕盈的身體，而曾經他也是母親懷中的強褓；他用心準備每一餐，打動母親的味蕾，歡樂從未走味。

「媽媽，我的婿（suí）媽媽，妳是世界第一美人，我要告訴你很重要的事，我有平安，我有吃得好，我有睡得好。今日早晨散步

高中時聖崇與母親站在家門口前合影，他是她的心頭肉。

的時候，花蕊開了好多色水，來，我拍給妳看……」

　　生病之後的聖崇，在台灣，仍無時無刻心繫母親的來電，他編織著母親的期待，也是自己的生命之所以被編織的價值，然後彼此纏在一起，即使相隔一個海洋的黃昏。

　　另一個在聖崇的心田生根的，就是弟弟，聖崇永遠記得那個從小跟自己迥然有別的弟弟，他過目不忘，永遠是班上的第一名。可是除此之外，他們心心相印。聖崇還記得小時候兩人跟著爸爸跑助選，騎著摩托車到處拉票；聖崇也記得自己第一次到加拿大報到時，

小時候的聖崇（右）與弟弟，他們相知相惜。

弟弟囑咐了好多過來人的經驗。弟弟仁心仁術，而聖崇自己也是水的「醫生」；他們常常相視而笑，或對環境有等同的焦急──有時，「血緣」還不足以說明他們彼此相知的程度，也是由此，聖崇無法忘懷失去他的那天。

2020 年 2 月 25 日，弟弟聖哲因心臟病過世。聖崇明明向他證明自己熬了過來，可是靈魂是如此稀有與珍貴。親愛的朋友，你上了太空船，但你的足跡還在我心靈的沙灘上！我願意為你塑造任何形狀，只要你還像潮水一樣擁抱我！

可是弟弟已經不能再像以前一樣，只要能聽懂月亮的語言，就能漲潮、退潮，然後在聖崇的懷裡打滾了。他現在是伴著月亮的星子，和父親在一起，永遠看著陸地。

　　不管是誰，都只能孤零零地走完最後一段路。聖崇的人生，宛如一首抒情搖滾，在穩定的鼓聲中，吐露溫柔的歌詞，時而激昂、時而沉吟。而他的歌聲還繼續，只要還活著，他永遠和台灣的土地相依。

　　現在，他還在準備打一場法律戰，一場為地下水申冤的官司；還有鋼鐵產業的願景尚未送到立院、還有水資源的浩劫尚未傳達到環團耳裡，還有全球氣候變遷底下的應變對策，在行政院門口排隊——他還有好多好多的夢尚未實現，而他每一天充實、安詳地度過。

　　每晚入睡之前，他總會默念祈禱，吐出深刻的期待。他會先說祖先從哪裡來、自己是誰、出生日期、出生地，接著，一串長長的名單，全是親人朋友以及天上摯愛，保佑他們平安喜樂、安寧，最後，聖崇總會附上一句「希望世界和平、台灣平安」，此刻，開始加入香港平安，以及武漢肺炎快快退散。

生命鬥士林聖崇。

附錄
從環境運動到公民參與

林聖崇先生演講側記文／洪憶瑄

圖片提供／林聖崇

　　社會本來就不會只有一種聲音，因此台灣的政策究竟要走到什麼方向，需要更多的討論。林聖崇先生從加拿大的公民參與經驗中，提出幾項可以參照學習的建議。

　　台灣環境運動史上有許多覺者、勇者、行者，林聖崇先生是極為獨特的一位，只要是他認為正確的事情，他便會義無反顧地去做，陳玉峯老師說他是「過去戰鬥、現在戰鬥、死後戰鬥」的行者，並且不卑不亢，理性地找尋更佳的解決方案，鍥而不捨。

　　「最近有幾個老朋友在為鳥請命，認為光電板和風力發電機的大量設置，嚴重影響了鳥類生態，但我也看到另一群朋友認為應該要盡快結束火力發電，而光電板是現階段取得成本最低的綠色能源。前幾年的藻礁議題也是降低碳排與保育生態間的拉鋸。」

　　面對各種環保議題與立場之間的衝突，長年投入環運的林聖崇先生都看在眼裡，他認為每個人是為了台灣環境在各自努力，但對一般民眾而言，卻會覺得這些環保人士什麼都不要，那台灣的電要從哪裡來呢？這中間缺乏的，就是充分的意見陳述與通盤的交流討論。

代議制度與臺灣當前的困境

　　1990 年代，戒嚴時期的黨外人士們陸續當選民意代表，那時候大家相信可以透過政治解決更多環境問題，不再只靠街頭抗爭。林聖崇先生回憶起陳水扁先生擔任立委時向大眾溝通的策略，當時陳水扁先生每天早上五點多到立院簽到登記，質詢時會先花 5 分鐘說明前因與衝突點，再花 20 分鐘進行「你問我答」，最後 5 分鐘結語說明解決方法。明確的議論節奏與充足的資料整理，不但顧及了質

詢監督的效果，也讓媒體樂意採訪與報導，有效地傳達並教育民眾。

林聖崇先生也曾加入柯建銘的辦公室，參與了多次政治遊說。他回憶起 1998 年搶救棲蘭檜木林的運動，陳玉峯教授到立法院為立委們上了一整天的課，演講〈從棲蘭古木保育案談國土規劃〉，提出檜木國家公園的規劃，為立委們打下知識基底，另一方面，林聖崇先生則是收集了大量的生態資料與搶救運動始末的文章，細心畫好重點與摺頁，讓立委們可以作為質詢的武器，並積極地在會場走動分發。國會質詢那天，共有 22 位立委合力在有限的質詢時間中，緊咬違法事實詢問退輔會，終於刪掉了開發預算，擋下伐木計畫。

但是隨著社會議題逐漸多元與媒體生態的改變，許多立委改採取娛樂化、情緒化的策略進行質詢，以吸引媒體報導，質詢的本質問題被遺忘，媒體報導品質也相對弱化。在時代力量剛開始進入國會時，林聖崇先生曾建議他們與其他小黨立委團結起來，以接力的方式進行聯合質詢，提升質詢的議論品質，讓政府官員露出破綻，但這方式必須捨棄個人光環，相當考驗人性。

同時，人們每天接觸到的資訊量暴增，但受到時間有限以及演算法的影響，記者會、社交媒體、網路直播等傳統溝通的參與人數卻是越來越低，各種連署行動也常被認為僅是同溫層裡的意見，不易發生影響力。看似是有百家爭鳴的意見，卻往往沒有進一步的交流對話與通盤考量的機會。

借鏡國外的公民參與機制

林聖崇先生曾提到，很多事情不是要爭「贏」，而是要「解決」；

很多「造反」有理，卻見樹不見林。每個人、團體都有他心目中最在乎的議題，社會本來就不會只有一種聲音，臺灣的政策究竟要走到什麼方向，需要更多的討論，也可以向其他民主國家借鏡。

　　「加拿大政府很努力推動執政者與人民間的溝通，政府辦理了非常多的公聽會（Open house），並盡可能地降低人民參與門檻，包含辦理公聽會的時間會選擇多數人方便參與的周末或周間的晚上、所有文件會盡可能翻譯成當地居民所使用的家庭語言，利用不同的引導討論與記錄方式，讓參與者盡可能說出想法等。」旅居加拿大多年的林聖崇先生發現，加拿大政府很努力地想知道「人民想要什麼」，他們在執行公共政策前，會徵求公民參與、進行公眾諮詢，讓人民提出願景，再從這些願景之中進行共識決。

　　林聖崇先生分析了自己參與加拿大公聽會的經驗，認為要推動公民參與，有兩個事前準備工作。第一是政府需能夠充分告知背景資料，以及相關的衝擊，並且把握「及時、積極、主動、充分、有

左│1998 年林聖崇先生偕同 9 個民間團體代表與多位立委，共同對關西機械園區違法開發案召開記者會。
右│林聖崇先生長年連結民間團體與立委合作監督政府，圖為 2011 年公布「恐懼電磁輻射」部會名單記者會。

加拿大政府利用不同的引導討論與紀錄方式，像是便利貼、專人現場速寫等，讓參與者盡可能說出想法。

效」的五大原則，因此他建議政府撥一筆經費成立「免費智庫」，裡面有各種專家負責閱讀環評報告，再向人民與環團解釋其意義。他認為，納稅人的義務是提出願景，政府的工作是要符合這些條件，專家則是協助看報告書並進行把關。

第二是將公民參與、資訊通知納入法律規範內，讓公民參與更有廣泛性。「我曾經想要去法院告彰化縣政府任意核准水權狀，他

加拿大政府會將所有文件盡可能翻譯成當地居民使用的家庭語言，降低參與門檻。

們讓榮成紙業可以抽地下水，導致地層下陷，卻沒有讓在地居民知道。」林聖崇先生希望先透過判決，要求縣政府在開放抽地下水時，需確實通知影響範圍內的所有居民一起來表達

意見。若這個試驗沒有太多負面作用，再利用此案要求環評法修法，將公民參與入法。

「以臺北大巨蛋案為例，當初環評出來時，都是環保團體在抗議，政府只要想辦法不讓環團發聲就好。」林聖崇先生表示，臺灣目前未將利害關係人的界定入法，環團每次都只能 case by case 的要求政府，但若能明確條列在法律中，例如要求政府必須發單通知方圓一公里內的居民、學校、公司等參加公聽會，並且主動告知公聽會後續的進度，「透過公民參與讓更多人知道，就有機會有人願意站出來，成為下一個力量。」林聖崇算了一下，假設發出了五萬份通知，只要有 5% 民眾有疑慮，並填寫回饋單，臺北市政府就有 2,500 個問題必須回答，而且這些人都是居住、工作、生活在此的人，他們更能及時並敏銳地監督政府。

細節有待討論但仍有提出的必要

當然公民參與制度也並非完美，加拿大政府雖尊重人民想法，但未必能正視問題，或是疏忽了通盤的考量。例如在溫哥華是個三面環水的大都會，空間擴張本來就有侷限性，但政府在那裡安置了 10 萬人的無住屋族群，這些人必須往內陸發展、通勤工作，結果造成交通超載。林聖崇先生認為，政策需要在行動中不斷地分析後果、並不斷地滾動修正，因此他一直都很堅持要都市計畫與區域計畫應該要在環評時內納入討論，也對「政策環評」相當堅持。但「政策環評」要在哪個時間點進場，太多政策環評是否會造成公部門窒礙難行？都是需要再討論之處。

　　「因為積弊深遠，政府部會以及民間對利害關係人的期望值差異相當大。同時公民參與在法律上的定位也需要詳加討論。」公民參與是要透過公共對話決定何謂公共利益，需要在充分資訊下進行理性的討論，但在工業社會中，問題的複雜性往往不是幾個選項，加上人民的經濟背景落差，當牽涉的範圍越大，形成共識決的難度越高，更有必要透過法律詳細訂定它所負擔的任務。

讓居民用貼紙選出喜歡的概念，也是一種簡單、有趣的意見收集方式。

　　林聖崇先生提到，公民參與除了大眾普遍的參與，也可以透過 NGO 或民間菁英來參與。舉例來說，歐盟每年會從總預算中撥出一定比例的經費，NGO 可提出行動方案或研究案，評估通過後就會撥予經費。若能參考這樣的作法，讓 NGO 能夠先進行資訊的調查與轉譯，成為普羅大眾的免費智庫，也能提升公民參與的程度。

　　雖然看似細節眾多，困難重重，但林聖崇先生認為現在正是將公民參與提出來討論的必要時刻，人民納稅給政府，政府的身分應該是人民的公僕，要改變公僕與人民對話的模式，並留下制度典章。臺灣目前的民主制度仍缺了這一塊，在舉世菁英崩盤、草根鄉民再起的潮流裡，有效落實「創造有利人民參與公共政策的機制」、以及「有利 NGO 生存及發展的機制」兩點，可以使公共政策品質更完善，產生更多多元共識、減少抗爭。

竹風亮節
林聖崇口述史

作　　　者　林聖崇口述、蔡宜珊撰
執 行 編 輯　鄭清鴻、張笠
封 面 設 計　李偉涵
美 術 編 輯　李偉涵

出 版 者　前衛出版社
　　　　　　地址：104056 台北市中山區農安街 153 號 4 樓之 3
　　　　　　電話：02-25865708 ｜傳真：02-25863758
　　　　　　郵撥帳號：05625551
　　　　　　購書・業務信箱：a4791@ms15.hinet.net
　　　　　　投稿・代理信箱：avanguardbook@gmail.com
　　　　　　官方網站：http://www.avanguard.com.tw
出 版 總 監　林文欽
法 律 顧 問　陽光百合律師事務所
總 經 銷　紅螞蟻圖書有限公司
　　　　　　地址：114066 台北市內湖區舊宗路二段 121 巷 19 號
　　　　　　電話：02-27953656 ｜傳真：02-27954100

出 版 日 期　2023 年 10 月初版一刷
定　　　價　新台幣 500 元
I S B N　978-626-7325-48-3（平裝）

國家圖書館出版品預行編目（CIP）資料

竹風亮節：林聖崇口述史 / 林聖崇口述；蔡宜珊撰 .
-- 初版 . -- 臺北市 : 前衛出版社，2023.10
　　面；　公分

ISBN 978-626-7325-48-3（平裝）

1.CST: 林聖崇 2.CST: 自傳
783.3886　　　　　　　　　　　　　112015397